产业工人队伍建设改革第二批试点

案例汇编

推进产业工人队伍建设改革协调小组办公室◎编

中国工人出版社

图书在版编目（CIP）数据

产业工人队伍建设改革第二批试点案例汇编 / 推进产业工人队伍建设改革协调小组办公室编.
—北京：中国工人出版社，2022.12
ISBN 978-7-5008-8050-9

Ⅰ.①产… Ⅱ.①推… Ⅲ.①产业工人－体制改革－案例－汇编－中国 Ⅳ.①D412

中国版本图书馆CIP数据核字（2022）第231956号

产业工人队伍建设改革第二批试点案例汇编

出 版 人	董 宽
责任编辑	习艳群
责任校对	张 彦
责任印制	栾征宇
出版发行	中国工人出版社
地 址	北京市东城区鼓楼外大街45号 邮编：100120
网 址	http://www.wp-china.com
电 话	（010）62005043（总编室） （010）62005039（印制管理中心） （010）82027810（职工教育分社）
发行热线	（010）82029051 62383056
经 销	各地书店
印 刷	宝蕾元仁浩（天津）印刷有限公司
开 本	710毫米×1000毫米 1/16
印 张	16.75
字 数	240千字
版 次	2023年5月第1版 2023年5月第1次印刷
定 价	58.00元

前言

产业工人队伍建设改革是习近平总书记亲自点题、亲自部署、亲自指导的重大改革，是党和国家一项具有战略性、全局性的重大决策部署。

2021年初，为深入贯彻落实习近平总书记关于产业工人队伍建设改革的重要指示精神，落实王东明同志在全国推进产业工人队伍建设改革工作经验交流会上的部署以及全国总工会党组、书记处的要求，推进产业工人队伍建设改革协调小组在巩固第一批改革试点成果的基础上，部署开展了第二批改革试点工作。在全国层面采用项目试点方式，围绕产业工人队伍思想引领、建功立业、素质提升、地位提高和队伍壮大等重点任务，着重针对改革中的重点难点堵点问题，在12个单位或地区开展了11个项目试点。各省（区、市）也结合各自实际开展改革试点，省级层面试点超过1120个，市级及以下试点超过11900个。第二批改革试点工作取得了重要成果，出台了若干具有创新性的制度措施，形成了一批务实有效的工作经验，破解了一些改革中存在的难点问题，为全国产业工人队伍建设改革向纵深发展提供了宝贵经验。

为深入学习贯彻党的二十大精神，以更大力度、更实举措推进产业工人队伍建设改革，我们面向全国征集了第二批改革试点案例，从中选取了64个作为典型案例（全国层面改革试点案例36个、地方改革试点案例28个），以期总结好第二批改革试点经验，把改革“点”上的有效探索上升为“面”上可复制、可借鉴的经验做法，并予以推广。这些案例涵盖不同层面，囊括不同类型，既有省、市一级的，也有区县、街道一级的；既有来自中央企业和省属、市属企业的，也有来自非公企业的。希望各地认真学习借鉴，大胆改革探索，不断推动产业工人队伍建设改革走深走实。

各地推进产业工人队伍建设改革领导机构和各试点单位对案例征集工作高度重视并积极响应，做了大量卓有成效的工作，在此表示衷心感谢！

推进产业工人队伍建设改革协调小组办公室

2022 年 11 月

关于开展第二批产业工人队伍建设改革试点工作的通知

产改字〔2021〕1 号

推进产业工人队伍建设改革协调小组各成员单位及参与单位，各省（区、市）、新疆生产建设兵团推进产业工人队伍建设改革领导机构，各试点单位：

为深入贯彻落实《新时期产业工人队伍建设改革方案》，发挥试点地区和企业先行先试的作用，推动改革向纵深发展、向基层延伸，按照推进产业工人队伍建设改革协调小组会议部署，今年开展第二批试点工作。现就有关事项通知如下。

一、总体要求

以习近平新时代中国特色社会主义思想为指导，认真学习贯彻党的十九大和十九届二中、三中、四中、五中全会精神，深入学习贯彻习近平总书记关于工人阶级和工会工作的重要论述特别是关于产业工人队伍建设改革的重要指示精神，按照“产业工人队伍建设改革提升年”行动部署，坚持系统观念和问题导向，聚焦产业工人思想引领、建功立业、素质提升、地位提高、队伍壮大等重点任务，针对产业工人队伍建设改革中的深层次矛盾问题，发挥试点地区和企业先行先试的作用，积极探索，力求突破，形成一批可复制、可推广的经验做法，进一步推动产业工人队伍建设改革走深走实。

二、试点安排

第二批产业工人队伍建设改革试点工作全部采用项目试点方式进行，试点期限一年，也可根据实际情况适当延长。

（一）强化产业工人思想政治引领——大庆油田有限责任公司。

（二）构建和完善产业工人技能形成体系——上海市。

（三）建设网络学习平台——工业和信息化部教育与考试中心。

（四）产教融合校企合作建设职工职业技能实训基地——云南曲靖市麒麟职教集团。

（五）加大对产业工人创新创效扶持力度——山东省。

（六）提高产业工人经济地位——安徽海螺水泥股份有限公司。

（七）促进农民工融入城市——深圳市。

（八）深化非公企业产业工人队伍建设改革——浙江省。

（九）创建劳模和工匠人才创新工作室联盟——河南省、中国中铁股份有限公司。

（十）建立健全技能导向激励机制——陕西法士特汽车传动集团公司。

（十一）改革完善技能人才评价制度——中国航天科技集团有限公司。

各省（区、市）、新疆生产建设兵团、各全国产业工会可结合实际，就破解本地区、本产业在推进产业工人队伍建设改革中存在的突出问题，自行选择一些地方和企业开展试点，将有关情况及时报推进产业工人队伍建设改革协调小组办公室。

三、工作要求

（一）提高政治站位。产业工人队伍建设改革是习近平总书记亲自谋划和部署的重大改革，是全面深化改革的重要内容。要把做好产业工人队伍建设改革试点工作作为贯彻落实习近平总书记重要指示要求，特别是在2020年全国劳动模范和先进工作者表彰大会上的重要讲话精神的具体举措，作为推进产业工人队伍建设改革走深走实的重要抓手，不断提高政治判断力、政治领悟力、政治执行力，增强推进改革试点工作的思想自觉、政治自觉和行动自觉。

（二）加强组织领导。推进产业工人队伍建设改革协调小组成员单位及参与单位要加强沟通协调，根据各自职责和分工给予试点单位具体指导。各级推进产业工人队伍建设改革领导机构要发挥好统筹、指导和协调作用，做好政策服务，积极给予支持。试点单位要加强统筹谋划，抽调精干力量组成工作专班，建立健全工作机制，把资源和力量整合起来，充分发挥企业推进改革的主体作用，抓好任务落实、责任落实、作风落实，形成齐抓共推的整体合力。推进产业工人队伍建设改革协调小组办公室将适时对试点工作情况进行督导。

（三）完善制度机制。坚持系统观念，突出问题导向和结果导向，抓调查研究、抓改革成效、抓成果巩固，形成具有针对性、实效性和可操作性的好经验、好做法，推动上升为产业工人叫好、解渴的政策制度。要增强创新意识，在找准用活现有政策的基础上，因地制宜大胆探索、集中力量攻坚克难，注重从顶层设计和制度机制上解决重点难点问题。要加强改革试点工作的宣传报道，营造社会各界关心尊重产业工人、支持参与产业工人队伍建设改革的良好氛围。

四、有关事项

（一）制定方案。各试点单位要根据试点项目内容和重点环节，因地制宜拟制试点工作实施方案，做实做细推进举措，明确时间表和路线图。在收到通知后一个月内，将试点工作方案、组织领导机构情况、联系人及联系方式报推进产业工人队伍建设改革协调小组办公室。方案经推进产业工人队伍建设改革协调小组办公室审定后，严格抓好贯彻落实。

（二）报送信息。各试点单位每半年向推进产业工人队伍建设改革协调小组办公室上报工作进展、存在的问题以及意见建议，重要进展、重点成果、突出问题等可随时上报。推进产业工人队伍建设改革协调小组办公室将通过印发专报、编印典型案例集、召开经验交流会等方式，宣传推广各单位典型经验做法。

（三）总结经验。及时制定完善工作台账，对取得的经验、存在的问题，分门别类进行梳理，认真研究对策，努力形成一批标志性的改革成果和可复制、可推广的典型经验。试点期满后，推进产业工人队伍建设改革协调小组办公室将对改革试点工作进行全面总结。

推进产业工人队伍建设改革协调小组办公室邮箱：changai@acftu.org

推进产业工人队伍建设改革协调小组

（中华全国总工会代章）

2021 年 4 月 16 日

目录

上篇　全国试点案例

‖ 下篇　各地试点案例 ‖

上篇

全国试点案例

开展全员“云讲述” 弘扬严实“硬作风” 努力锻造“铁人式”产业工人队伍

大庆油田有限责任公司

编者按： 大庆油田有限责任公司按照全国第二批产业工人队伍建设改革项目试点任务要求，开展“践行岗位责任·弘扬严实作风”岗位“云讲述”活动，不断强化产业工人思想政治引领。活动依托新媒体平台，面向全体干部员工，以岗位责任制为切入点，推动严实作风内化于心、外化于行，提升队伍履职能力，助力人才强企工程，为油田高质量发展贡献力量。截至目前，岗位“云讲述”活动已有 15.7 万人参与，浏览量超 3800 万人次。

2021 年 4 月，大庆油田有限责任公司（以下简称“大庆油田”）被确立为全国第二批产业工人队伍建设改革试点单位，承担“强化产业工人思想政治引领”专项试点任务。面对新形势新任务，大庆油田依托新媒体平台，面向全体干部员工开展“践行岗位责任·弘扬严实作风”岗位“云讲述”活动，以岗位责任制为切入点，推动石油精神和大庆精神、铁人精神的再学习、再教育、再实践、再传播，推动严实作风内化于心、外化于行，提升队伍履职能力，助力人才强企工程，为油田高质量发展，为中国石油建设基业长青的世界一流企业贡献力量。截至目前，岗位“云讲述”活动已有 15.7 万人参与，浏览量超 3800 万人次。

一、深入调研摸实情，搞好顶层设计

由负责策划、研发、运营的工作人员组成调研组，聚焦“讲什么”“怎么讲”两个核心问题，走访生产、科研、保障各系统单位20余家，诚邀员工代表献良策，吸纳各级组织金点子，为活动开展提供可行性意见和建议，明确了“1+X”的讲述内容。“1”即讲述岗位职责，做到目标任务、岗位职责、技能水平、安全风险“四个‘讲清’”；“X”即在革新创效、技术技能或安全经验中任选一种来讲述，鼓励员工讲出岗位特色。为扩大活动覆盖面，把讲述活动推向“云”端，大庆油田自主研发大庆油田工会App“短视频”板块，借鉴时下最流行的抖音、快手等软件的长处，打造属于石油人自己的“云讲述”秀场。在此基础上，大庆油田出台活动指导意见，由公司工会牵头，7个职能部门协同推进，组建覆盖基层班组、二级单位、公司机关的4500人的审核员队伍。审核员围绕意识形态、技术保密、安全环保、精神文明等重要方面逐条审查，对讲述内容给予指导和纠偏。通过这一系列高位推动手段，进一步提高全员思想认识水平，促进活动出成效。

二、干部先进带头讲，发挥示范作用

要求员工做到的，干部首先要做到。大庆油田各二级单位领导班子作表率，重点围绕习近平新时代中国特色社会主义思想、习近平总书记关于能源行业的指示批示精神、习近平致大庆油田发现60周年的贺信精神等，结合岗位职责、工作目标，带头讲给员工听、做给员工看。截至目前，已有100多位领导干部发布讲述内容。大庆油田的劳模工匠掀起了第一波“讲述潮”：“全国五一劳动奖章”获得者段福海通过讲述革新井口单流向取样器、解决抽油机井口取样不准的问题，带领大家讲操作技能、讲革新创效、讲创新思维，分享出满满的“干货”；“黑龙江省劳动模范”张有兴讲述了用20多元钱挽救价值几十万元的设备的经历，通过这个“小革新解决大问题”的故事让很多员工深受启发；采气分公司第二作业区生产指挥中心副主任郭蕊把安全风险点的识别方法演绎成饶有趣味的工作小故事，由此打造了《小郭说安全》的讲述品牌，深受广大员工欢迎。

三、全员互动比着讲，掀起活动热潮

一人“云讲述”，全员来关注；一人讲得好，全员去对标。为了让员工学有参照、赶有方向，大庆油田在“云讲述”平台开发了便捷的搜索、关注、收藏功能，实现信息的精准传递，方便干部员工与同事或好友互动，以此产生“多米诺骨牌”效应。第一采油厂孙月娥因为看到同事的精彩讲述，被激起了赶超劲头，经过学习梳理岗位职责，归纳总结操作经验，创新性地提出了检泵操作法，有效避免了启停泵操作失误，该操作法也在她所在的岗位上被应用推广。第九采油厂泰来作业区注采一班输气工用正误对比的方式，图文并茂地讲述了气井测试中的安全风险点。第二采油厂盛迪赫亲身示范日常生产中开关阀门、流程切换、安全巡检等注意事项，生动描述了标准规范操作，获赞 1.7 万次，位居获赞量榜首。第三采油厂第八作业区注采 805 班党支部书记崔超越总结身边同事讲述的易犯错误，制成《一图通关岗位“云讲述”》，帮助大家梳理岗位职责，识别风险隐患。通过对标，广大员工怀着强烈的集体荣誉感，你追我赶较劲讲，各单位在获赞量排行榜交替领先，高水平讲述者一茬儿接着一茬儿，多家单位的员工参与率达 80% 以上。

四、激励丰富接地气，引发期待“确幸”

坚持精神激励与物质激励相结合，通过小荣誉、小奖品等多种方式，满足员工的“小期待”“小确幸”；建立评选表彰的激励机制，让活动更加接地气、更受员工欢迎。坚持每周依据讲述质量、获赞量评选“讲述之星”“创意奖”“周达人”，16 周以来已有 3155 人获奖。在 App 上开通积分抽奖板块，员工发布讲述、点赞、获赞均有积分入账，有机会抽取获赠话费的小奖或获赠手机、平板电脑的大奖。

五、注重“讲、做”相促进，提升工作水平

“讲”只是方式手段，“做”才能达到目的。坚持把“云讲述”作为一面镜子，作为查漏洞、补短板的抓手，帮助员工纠正习惯性违章、模糊性认识。很多员工借由讲述机会，用镜头记录下了安全隐患排查的全过程，不仅提醒自己杜绝“三违”现象，也让更多人知晓风险。坚持把“云讲述”作为一次岗位练兵，融入日常工作，讲做结合、边讲边做，真正将讲述的收获运用到岗位实践中。第一采油厂第四作业区中七联合站集输班中控组长闫静用“情景剧”的方式，讲述了她们历经 4 个小时，每 10 分钟对比、核实一次现场参数，最终找到问题并解决问题的经历。中十六联合站在“云讲述”中得到启示，把本站各岗位的操作流程、关键指标、风险点源总结在一张“岗检卡”上，让员工人手一张，督促全员“干标准活”。中十四联合站则把讲述列为交接班的规定动作，把故障处理记录存档并共享，班与班之间既各负其责，又相互协作，形成“交标准班”的工作制度。各采油厂都把讲述活动与生产经营、改革发展的中心工作相融合，引导员工以讲促行，拿出“开局即决战、起跑即冲刺”的劲头投身岗位建功，鼓舞了队伍士气，提振了员工精神状态。各单位经历“油公司”模式改革后，组织机构、员工岗位变动较大。岗位“云讲述”成为员工履新的“必修课”，帮助转岗员工熟悉新职责、新流程，促进员工之间互帮互助，增强了队伍的凝聚力。

岗位“云讲述”活动的火热开展在大庆油田广大干部员工中引发强烈反响，极大地激发了员工的主人翁责任感，充分调动了员工的主观能动性，让他们实现了从“要我学”到“我要学”的转变。每一次讲述都是面向 19 万名大庆石油人的庄严承诺，围绕操作、安全、数据、纪律的相互提醒成为常态，重新唤起了大庆石油人的严实意识，有力地促进了严实作风内化为全员的价值准则。无论是在食堂里、班车上，还是在朋友圈中，也不分

工作、业余，家里、家外，同事赛着讲、师傅带着讲、新人学着讲、夫妻互助讲，员工之间随处对标、随时开讲，比谁的讲述更精彩，比谁的工作做得更扎实，鼓舞了对标互促之势，释放了奋发进取的张力。

聚焦改革重点　强化统筹推进
推动构建上海产业工人技能形成体系

上海市推进产业工人队伍建设改革协调小组办公室

编者按： 上海市以提升产业工人技能素质为改革核心任务，全力落实产业工人队伍技能形成体系建设试点项目。加强顶层设计，突出六大措施，推动政策落实；促进继续教育创新发展，加强校企合作，健全培训组织实施体系，提升职工技能水平；深化技能评价机制改革，实施多元评价机制，激发职工创新活力，形成了由“技能培训、学历教育、竞赛晋级、等级认定、激励表彰”等重要环节构成的产业工人技能形成体系，推动产业工人技能素质更好地契合上海市的产业发展需要。

自 2021 年以来，上海市以提升产业工人技能素质为改革核心任务，全力落实产业工人队伍技能形成体系建设试点项目，加强顶层设计，注重典型引领，推动政策落实，形成了由“技能培训、学历教育、竞赛晋级、等级认定、激励表彰”等重要环节构成的产业工人技能形成体系，推动产业工人技能素质更好地契合上海市的产业发展需要。

一、注重顶层设计，全面推进试点任务落实

（一）加强组织领导。2021 年推进产业工人队伍建设改革工作经验交流会召开后，上海市总工会专门向市委领导汇报，研究部署试点工作；成立工作专班，由市人大常委会副主任、市总工会主席任组长，改革协调小组各成员单位负责人参加。办公室设在市总工会，并指定联络员负责日常工作。建立工作机制，形成双月工作例会、联合课题调研、年度督促检查

等制度，明确具体运行内容。

（二）制定试点方案。由市总工会牵头，市人社局、市教委共同负责“职业教育和技能培训”“产教融合和校企合作”“技能人才评价和高技能人才队伍”专题调研，在此基础上起草《构建和完善产业工人技能形成体系试点项目工作方案》，提交上海市推进产业工人队伍建设改革协调小组审议，明确“地区综合试点、区域创新突破、国企示范带动、非公典型培育、校企合作共建”的工作思路，确定 5 个层面的试点，涵盖 6 个区、4 个园区（自由贸易试验区临港新片区、开发区）、11 家国有企业、8 家非公企业（外资企业、民营企业）、12 家校企合作单位。

（三）突出六大措施。围绕上海市的产业特点和区域特色，确定六大措施，明确责任分工。一是健全培训政策体系，构建终身职业技能培训组织实施体系，完善政府补贴培训政策体系。二是加大产教融合力度，打造产教融合型企业，培育市级现代产业学院，发展劳模学院、工匠学院、技师学院，完善高技能人才培养制度。三是推进职工继续教育，探索实践上海特色“双元制”职工继续教育模式，推进技能培训与学历教育有机结合，搭建职工终身学习“立交桥”。四是创新技能提升模式，探索建立竞赛育人机制，构建劳动竞赛新格局，推行职工技能登高培养模式等。五是深化评价制度改革，全面推进企业职业技能等级认定工作，探索推进第三方社会培训评价组织建设。六是加强高技能人才队伍建设，推进高技能人才培养基地建设，完善技能人才评选表彰和激励机制等。

二、加强职业教育培训，提升职工技能水平

（一）促进继续教育创新发展。市教委、市人社局、市总工会等联合出台《关于推进新时代职工继续教育创新发展的意见》，明确要形成以职工能力和学历“双提升”为导向，以学校教育和工作场所学习有机结合的“双空间”为载体，以现代信息技术与教育深度融合的线上线下“双途径”为

支撑，以高校教师和行业企业导师组成“双师资”为特色，以技能评价证书和学历文凭“双证书”为学习成果的上海特色“双元制”职工继续教育模式。充分发挥学分银行的“立交桥”作用，通过上海开放大学及各大高校继续教育学院等，突破传统的专业设置和学习时段限制，采用学分银行的方式，探索建立产业工人学历教育与非学历教育转换机制，助力产业工人提升学历水平。目前，上海市学分银行已经建立了 7 种学习成果转换通道，有 430 多万个个人学习账号和学习档案，累计超过 10 万人在上面转换了学分，共转换了 76.4 万分学分，认定了 10.7 万张次非学历证书。

（二）健全培训组织实施体系。市人社局牵头制订《技能提升行动计划》。发挥行业企业主体作用，鼓励企业集中组织职工培训，依托具有示范引领作用的大企业、行业协会、工业园区建立面向上下游企业的高技能人才培养基地，并向中小微企业共享培训资源。目前已建立高技能人才培养基地 125 家，其中国家级基地 20 家。鼓励职业院校开展技能人才培训，出台职业院校育、训相结合的激励计划，探索建立与院校承担社会培训挂钩的绩效工资考核机制，有效调动院校和教师参与技能培训的积极性。拓展社会培训机构，出台《经营性外商投资职业技能培训机构审批管理办法》，已累计引进 14 个外资培训品牌。打造劳模工匠学院，在 2017 年成立“上海工匠学院”的基础上，2021 年市总工会与上海第二工业大学共建全国首家省级劳模学院，开设“劳模、工匠学历班”“工匠研修班”等，已有 150 余名劳模、工匠进入高升专、专升本和硕士能力班学习。

（三）推动校企合作走深走实。聚焦上海新型产业体系建设，市有关部门联合出台《关于深化上海产业工人队伍建设改革　推进校企合作工作的指导意见》《关于推进本市新型技师学院建设　加快高技能人才培养的意见》等。推动东华大学、上海大学等 14 所院校与上海建工集团、上海临港经济发展有限公司等 23 家企业签署《校企合作框架协议》，促进教育链、人才链与产业链、创新链全面对接。目前，已初步形成三类校企合作模式。

一是电气模式——上海电气集团李斌技师学院创设“3+3+3”技工培训模式（即遴选具备3年以上工作经历和优秀业务能力的技术工人，经过3年成为具有大专学历的高级工，再经过3年成为具有本科学历的技师、高级技师），健全“学校＋工厂”“学历＋技能”的培训体系，为青年技工学历与技能水平双提升提供通道。二是江南模式——江南集团技校实现用工部门与班级、学员提前对接，将生产现场标准和要求融入日常教学，定向培养人才。三是临港模式——临港集团会同上海海事大学、上海电力大学、上海电机学院等建立产业大学，与自由贸易试验区临港新片区内重点企业合作，建立“在校大学生联合培养——在岗技术员继续教育——社会求职者岗前培训”的新型产教融合教育体系。

三、实施多元评价机制，激发职工创新活力

（一）深化技能评价机制改革。全面推进企业自主评价，市人社局出台文件支持符合条件的大型企业、龙头企业、市级行业协会采取直接认定方式开展职业技能等级认定试点。评价机构可根据相应的国家职业技能标准，打破年龄、学历、资历、身份限制，结合企业岗位要求和职业（工种）特性，设置申报、认定条件。推出社会化评价政策，公布年度社会化技能评价目录，择优遴选一批社会培训评价组织，开展市场化、社会化、专业化的职业技能等级认定，满足中小企业和各类社会人员评价需求。目前，全市累计开展职业技能等级认定近9万人次，发放职业技能等级证书约6.5万本。经备案的职业技能等级评价机构174家，其中企业135家，社会培训评价组织39家，涉及近880个职业（工种）、7000个项目。

（二）健全多层级技能竞赛体系。以服务重大战略、重点产业为目标导向，市人社局、市教委、市总工会等7部门出台《关于推进本市职业技能竞赛体系建设的若干意见》，构建以世界技能大赛为引领、国家级技能大赛为龙头、市级技能大赛为主体、区域性技能竞赛为基础、基层岗位练兵和

技能比武活动广泛开展的技能竞赛体系，塑造竞赛活动品牌，放大竞赛溢出效应。纳入 2021 年技能竞赛活动计划的竞赛共有 52 项，涉及 234 个职业（工种）。

（三）强化技能人才激励效应。市总工会把产业工人晋升技师、高级技师和师徒带教的奖励计划列入年度工会实事项目，对全市职业技能等级晋升到技师、高级技师的职工及其带教的师傅给予现金奖励。市人社局把优秀技能人才纳入本市梯度化人口政策体系，对高技能人才及重点机构技师等技能类人才专门制定落户通道，并发布《紧缺急需高技能人才职业目录（2021 版）》，加大对高技能人才的引进力度。2021 年，自由贸易试验区临港新片区对获得“临港工匠”称号的优秀产业工人实施缩短“居转户”年限、直接落户等激励政策，已有 6 名符合条件的“临港工匠”及其家属获得上海户籍。

提升职工技能水平　激发企业创新动力

中国电信上海公司

编者按：中国电信上海公司聚焦新兴技术领域，以人才转型发展为目标，形成党委统一领导、工会牵头抓总、部门各司其职、上下同频联动的工作格局，健全激励、服务、共享三大制度机制；完善全体员工职业发展“双认证”体系、员工职业技能等级认证体系、技能培训资源共享体系三个体系；创建标准化工作室平台、高效便捷的资助平台、“学、训、化”一体的竞赛平台三个平台，提升职工技能水平，有效激发职工创造潜能，推动企业高质量发展。

中国电信上海公司（以下简称“上海电信”）是国内起步最早、上海市规模最大的电信运营企业，拥有中国电信集团内最大的城市电信网络，在线服务客户数超过2200万户。上海电信全口径从业人员2万余人，外包业务职工占比55%，其中一线技能类岗位人员的数量超过90%。近年来，上海电信聚焦新兴技术领域，以人才转型发展为目标，完善制度体系，夯实创新平台，提升职工技能水平，有效激发职工的创造潜能，推动企业高质量发展。

一、加强组织领导，全面推进改革方案落实

上海电信成立产业工人队伍建设改革小组，由工会、人力资源部以及各业务部门共同参与，形成党委统一领导、工会牵头抓总、部门各司其职、上下同频联动的工作格局。2018年，上海电信制定了《中国电信上海公司员工技能提升实施方案》，聚焦人工智能、大数据、云技术等新兴技术

领域，面向管理岗位、转型领域岗位、技能岗位和外包业务岗位的不同职工群体，分层分类推出相关机制。比如，优化激励机制，出台《中国电信上海公司员工技能提升激励办法》，完善技术工人培养、评价、使用、激励、保障等措施，增强技术工人的获得感、自豪感、荣誉感。完善服务机制，制定《关于进一步提高各级劳动模范待遇的通知》，落实各级劳模先进的待遇，进一步明确激励内容，形成“六大服务机制”，即劳模先进培养机制、慰问机制、帮扶机制、发展机制、创新机制、宣传机制。形成共享机制，发布《关于加强中国电信上海公司电信业务外包单位工会工作的若干意见》，聚焦外包业务岗位技能人才群体，围绕“提升岗位技能水平”“携手关爱员工”“促进自身建设”三个方面，通过结对共享带动外包业务职工技能水平提升，在企业转型升级中共同成长、共享发展成果。

二、完善制度体系，激励技能人才转型发展

（一）建立全体员工职业发展“双认证”体系。对于企业职工采用“基础岗位资格认证 + 更新岗位资格认证”的模式，与岗位晋升直接挂钩。其中，基础岗位资格认证是指职工达到从事某一岗位所必备的学识、技术和能力的认定；更新岗位资格认证旨在促进员工定期更新知识结构，充分了解和掌握公司的运营现状及发展方向。对外包业务职工采用“初级认证 + 进阶认证”的模式，并将相关持证要求列入年终评定和定向招募条件中，要求其在规定时限内取得初级认证后持证上岗，同时鼓励其获得中、高级进阶认证，引导一线从业人员不断提升技能和绩效水平。

（二）建立员工职业技能等级认证体系。在传统业务领域，针对电信业务员、话务员等原有国家职业资格认证被取消的现状，上海电信积极探索完善技能人才评价体系，结合传统领域最新业务发展情况，向市职业技能鉴定中心申请信息通信业务员、信息通信线务员等职业等级认定项目，并定期组织业务研讨和调研，组织各专业教研室开发培训课件，帮助职工进

行职业资格认定，逐步弥补原有传统领域专业认证体系的缺失。在新兴技术领域，随着新职业、新工种对技能认证需求的日益增长，上海电信结合集团“云改数转”战略发展需要，探索开发适用于企业内部的相关转型专业认证项目，并通过组织各级专家对新型技术的知识体系进行梳理，形成知识图谱，为职工提供学习路径与课程体系，提升员工可持续发展能力。

（三）建立技能培训资源共享体系。为促进各专业条线员工的学习成长、能力提升，成立了中国电信上海公司移动互联网学院教研室，设置了市场经营条线、政企渠道条线、全渠道运营条线、云网运营条线、客服条线、安全条线 6 个教研室，承担岗位认证开发、培训课程开发、专业技能培训、研究与实践等任务。近两年，各教研室共计完成数十项岗位认证开发，输出超百门专业培训课程和有数万道题的题库资源，有力支撑了各专业条线员工的成长成才。

三、夯实培育平台，激发职工创新创造潜能

（一）建立标准化工作室平台。上海电信拥有各级各类工作室 178 家。为进一步实现工作室创建管理的规范化、标准化、系统化、特色化，上海电信结合工作室现状，积极探索构建以“工作室指数”为标准的管理体系。该“工作室指数”评估涵盖软硬件建设、人才培养、岗位创新和品牌建设 4 项一级指标、10 项二级指标和 46 项评估细则，有效解决了工作室作用发挥参差不齐的问题，为工作室发展提供了翔实、可操作性强的指标体系和评估依据。

（二）建立高效便捷的资助平台。为进一步促进员工创新成果的转化应用，工会牵头制定了《中国电信上海公司员工岗位创新项目资助管理办法》，设立岗位创新资助专项资金，并研发了基于员工手机移动办公 App 的“员工创新资助平台”，实现了岗位创新的低门槛和“随身办”。同时，工会牵头为员工申报专利提供资助和服务，把原先遥不可及的专利申请变成员

工能想、敢想的事，让员工有了积极钻研，开展小改革、小革新的动力。4年多来，共收到员工各类创新资助申请615项，其中271个项目获得资助，累计资助金额达160余万元；累计资助员工申报专利68项，其中已获得专利证书17项，给获得发明专利授权的一线职工下发奖励费66万元，员工岗位创新热情得到进一步激发。

（三）建立“学、训、化”一体的竞赛平台。工会每年设立技能竞赛专项资金，按照“企业所需、员工所能、拾遗补阙、科学组织”的竞赛组织思路，围绕公司年度重点工作及经营发展重点、难点，组织开展竞赛活动，以赛促学、以赛促训，帮助员工掌握过硬本领，提升员工技能水平。近年来，共组织开展各类技能竞赛100余次，参赛员工累计达4万余人次，培育了“全国技术能手”7名、“中央企业技术能手”22名、集团技术能手73名、上海公司技术能手132名。

推进工人岗位职级评定　完善技能人才激励机制

上海电气集团

编者按： 上海电气集团聚焦技能素质提升，坚持问题导向，优化技能评价与收入分配机制，明确工人岗位职级评定标准，确立“三个一”评价方法，建立评审制度，形成以市场为导向的工人评价体系。工人岗位职级评定项目的有效实施，提升了工人的收入待遇水平，拓展了工人的职业发展路径，激发了工人的学习、工作热情，推动产业工人队伍建设改革重点任务落地见效。

上海电气集团是中国高端装备制造企业，现有国有企业及国有控股企业职工4.5万余人，其中技术工人占比50%以上。2016年3月5日，习近平总书记在参加十二届全国人大四次会议上海代表团的审议时，听取了全国劳动模范、时任上海电气液压气动有限公司总工艺师李斌关于“加强技工队伍建设刻不容缓”的汇报。近年来，上海电气集团始终牢记总书记嘱托，认真贯彻落实中央和上海市委有关产业工人队伍建设改革的部署要求，制定《关于推进新时期上海电气工人队伍建设改革的实施方案》，聚焦技能素质提升这一核心任务，紧紧围绕工人岗位职级评定这一关键环节，积极探索以市场为导向的工人评价体系，推动产业工人队伍建设改革重点任务落地见效。

一、坚持问题导向，有序推进工人岗位职级评定工作

上海电气集团党委高度重视产业工人队伍建设改革，指导机电工会会同集团人力资源部开展调查研究，针对“工人职业技能等级评价与薪酬待

遇相脱节的突出问题”，提出了开展工人岗位职级评定这一关键性改革举措，并将“收入增加向贡献突出的高技能工人倾斜”条款写入2018年工资专项集体合同。在此基础上，机电工会会同集团人力资源部探索形成工人岗位职级评定项目实施方案，并经集团党委会审议通过。按照成熟一家、推进一家的原则，分批选取不同产业集团和重点企业作为试点单位，开展工人岗位职级序列和评价体系的建立工作，逐步确定各岗位工人职级序列，完善工人晋升评审申报制度，促进工人技能培养、评定、使用、待遇等一系列配套制度的完善，有效解决薪酬待遇“该高的不高，该低的不低”问题，基本实现“多劳者多得、技高者多得”。

二、明确评价标准，优化技能评价与收入分配机制

（一）形成体现工人岗位特点的评价标准。改革项目领导与执行团队以HAY（合益）方法论为基础，总结工程技术、管理岗位评估的方法和经验，以3个维度、17个评价因素形成工人岗位技能评价体系。第一维度是知识技能，涉及6个评价因素，即工时定额、劳动强度（频次）、技能水平、专业理论（产品知识）、体力、工作经验。第二维度是解决问题的能力，涉及6个评价因素，即专注程度和时间、使用工具的难易程度、对偏差失误的可容忍性、环境的有害性、暴露的程度和时间、职业道德。第三维度是责任心，涉及5个评价因素，即产品重要性、产品复杂性、组件价值、质量风险、带教成效。各个评价因素都被赋予相应的分值，用来量化不同因素对岗位影响的大小，从而更科学地衡量岗位的重要性。

（二）形成工人岗位职级收入分配标准。最高职级的工人岗位收入水平与企业管理层副职相当。通过确定最高职级的工人岗位，形成职工岗位职级序列，明确管理、技术、技能职级图谱的对应位置，当岗级达到一定级别时，可以通过岗位职级评定体系中的“双Y”型晋升通道选择更多的职业路径，重点解决了高技能人才收入不到位的问题，使工人在企业有价值、

有地位。

三、建立评审制度，规范工人职业发展管理

制定《工人培训管理制度》《工人培训积分卡》等制度，建立、完善工人晋升评审申报制度，优化运作程序，形成工人职业发展管理体系。

（一）确立“三个一”评价方法。“1 种方法论”，即工人岗位评估法；“1 张图谱”，即工人职级图谱；“1 个标准”，即工人岗位职级与相对应的工程技术人员一个薪酬标准。

（二）提出三项基本原则。对于薪酬低于对照标准的“关键岗位、业绩突出”的工人，其薪酬一步到位，其他工人三年逐步到位；薪酬高于对照标准的，严格控制薪酬增幅，确保薪酬体系的公平性；对于新进工人，薪酬按照对照标准执行。

（三）严格执行与灵活运用相结合。要求集团所属各企业根据薪酬标准进行对标，结合各自实际，制定实施办法。

（四）实施岗位管理。要求各企业依据岗位评价结果，确定非主营业务、非企业职能、非核心产品、非关键岗位等“四非岗位”，设置“单向阀”，严格控制人员总量，减少人员进入，现有工人向主营业务岗位转移或分流安置。

四、抓好制度落地，技能人才激励取得实效

上海电气集团工人岗位职级评定项目的有效实施，完善了技术工人培养、评价、使用、激励、保障等制度机制，打通了产业工人发展通道的“最后一公里”，促进了产业工人思想观念的转变，增强了技术工人的职业荣誉感、自豪感、获得感。

（一）提升了工人的收入待遇水平。目前，已有 10 多个产业集团、重点企业进行了工人岗位职级评定，1 万余名技术工人完成了岗位评估，其

中 1500 多人的岗位职级有了提升，岗位工资得到了不同程度的提高，有 30 余人享受与企业中层及以上干部同等的收入和福利待遇。

（二）拓展了工人的职业发展路径。按照岗位职级评定体系，工人不仅可以在同一序列中不断晋级，而且可以通过“双 Y”型晋升通道选择更多的职业路径。例如，已有技术序列的职工可以转型为管理岗位的项目经理，操作序列的一线工人可以转型为技术序列的服务工程师等。

（三）激发了工人的学习、工作热情。在新的岗位职级评定体系下，工人对照岗位职级和对应的工资，积极主动要求参加各类技能培训和业务竞赛，学习新知识、钻研新技术的氛围日趋浓厚，使企业能留住工人、职工想当工人，大大激发了广大职工的积极性、主动性和创造性。

加大产教融合力度　助推职工技能登高

中国（上海）自由贸易试验区临港新片区

编者按：中国（上海）自由贸易试验区临港新片区紧紧围绕提升企业职工技能水平、打造创新活力迸发的海内外人才高地的实际需求，聚焦临港新片区重点产业、战略新兴产业和紧缺职业（工种），按照“一十百千万”目标：即新建1所产业大学，搭建10个产业实训基地，选树100名“临港工匠”，培养1000名“临港学徒”，助推1万名一线职工技能等级提升，储备1万名重点产业高技能人才，厚植高技能人才梯队，以人才高质量发展推动临港新片区高质量发展。

为深入贯彻落实习近平总书记在上海考察时对中国（上海）自由贸易试验区临港新片区（以下简称“临港新片区”）作出的指示精神，结合上海市委、市政府关于在产业工人集聚区开展产业工人队伍建设改革综合试点的工作要求，临港新片区紧紧围绕提升企业职工技能水平、打造创新活力迸发的海内外人才高地的实际需求，聚焦临港新片区重点产业、战略新兴产业和紧缺职业（工种），于2020年6月推出《中国（上海）自由贸易试验区临港新片区职工技能登高计划实施方案》，力争在3年时间内达到“一十百千万”目标：即新建1所产业大学，搭建10个产业实训基地，选树100名“临港工匠”，培养1000名“临港学徒”，助推1万名一线职工技能等级提升，储备1万名重点产业高技能人才，努力以人才高质量发展推动临港新片区高质量发展。

一、成立上海临港产业大学，构建新型产教融合教育体系

上海临港产业大学（以下简称“产业大学”）于2020年12月成立，在运作方式上，区别于传统大学，采用“虚拟校区、实体运营、产教融合、创新引领”的模式，依托临港集团职业教育与企业大学平台，借助业内龙头企业人才培养体系，整合临港地区五大高校学历教育与社会服务能力的资源，建立从在校大学生联合培养、在岗技术人员继续教育到社会求职人员岗前培训的新型产教融合教育体系。目前产业大学建立了以二级学院为主体的三类运营平台：第一类以高技能人才培养基地为依托，成立了智能制造、智能物流、先进光学三家二级学院；第二类由产业大学牵头，成立了生物医药、人工智能两家二级学院；第三类以高校提供场地、企业资助设备的方式共建实训基地，成立了集成电路二级学院。在教学内容上，创建“互联网+”职业培训课程体系，开发、完善与临港新片区重点产业、特色产业、新兴产业相关的具有国际水平的专业教学标准，引进国内外知名培训机构、培训课程等优质培训资源，进一步创新教学内容和方式。在培养模式上，实行企业为主体、院校为基础、学校教育与企业培养相联系、政府推动与社会支持相结合的模式，打造产业创新源头“最先一公里”与产业化“最后一公里”的对接平台。在学历认证上，学员完成产业大学的相关课程后，可以获得相关院校颁发的学历证书、课程结业证书或知名培训机构颁发的相关证书。

二、建设产教融合实训基地，打造高技能人才培养平台

根据统筹规划、合理布局、功能互补、资源共享的原则，按照临港新片区产业规划和战略性新兴产业发展需要，依托具备高技能人才培训能力的院校、职业培训机构、公共实训基地及大型骨干企业培训中心，临港新片区将在3年内重点推进建设10个产教融合实训基地，由市总工会、市人

社局和临港新片区管委会联合授牌，并参照《中国（上海）自由贸易试验区临港新片区支持人才发展若干措施》对实训基地给予专项支持资金。

目前，临港新片区已搭建实训基地 8 个，包括临港高技能人才培养基地、物联网技术高技能人才培养基地、中国航发上海商用航空发动机制造有限责任公司实训基地、浦东上船职业技术学校实训基地等，涉及智能物流、智能制造、先进光学、3D 打印技术、现代高端装备制造、物联网技术等领域，共开设上岗培训、高师带徒、转岗培训、技术研修等各类培训项目 24 个。充分发挥实训基地在职业教育培训中的主体作用，带动上下游企业开展职业培训，努力打造临港新片区“30 分钟技能人才培训圈”。

三、实施三种人才培养模式，搭建高技能人才梯队

（一）“临港工匠”选树模式。“临港工匠”的选树聚焦集成电路、人工智能、生物医药、航空航天四大临港新片区重点产业，由临港新片区管委会主办、临港集团协办，临港集团工会和南汇新城镇总工会承办，将在 3 年内培养选树 100 名（每年评选 30 名左右）具有临港新片区产业特色的新型“临港工匠”，并给予其证书、奖牌和一次性奖金。同时，作为临港新片区技能人才引进机制中的重大突破，对符合条件的“临港工匠”实施居住证专项加分、缩短“居转户”年限和直接引进落户等优惠政策。目前，已评选出 60 名“临港工匠”，其中 6 名工匠及其家属直接获得上海市户籍。

（二）“临港学徒”培养模式。“临港学徒”培养模式依托产业大学、产业实训基地，以培养企业高级技术工人为目标，实施“招工即招生、入企即入校、校企双师联合培养”，形成企校双师带徒、工学交替培养的模式，将在 3 年内培养 1000 名“临港学徒”。学徒培训期满后，学徒可参加职业技能鉴定或结业（毕业）考核，合格者取得相应国家职业资格证书。目前，作为首批上海市企业新型学徒制园区型试点单位，临港集团与 4 所高校签署《校企合作框架协议》，学徒制项目涵盖集成电路、生物医药、智能制造

等领域，所有培训教学、实操带教考评等均在企业内进行，已累计培养学徒 1248 人。

（三）“储备人才”培育模式。临港新片区每年开展新技术、新材料、新产品、新标准、新工艺的岗位练兵活动，同时开展职工技能大赛，进一步拓展职工技能培训、技能比武及技能等级评价平台，打通职工技能等级认定、提升通道，探索实施临港新片区新兴产业技能评价标准，用 3 年时间助推 1 万名一线职工技能等级提升，储备 1 万名重点产业高技能人才。目前，经上海市人社局备案，临港新片区已培训保税仓库出入库作业、工业机器人操作和示教等方面的技能人才 10838 名，其中 7362 人通过理论及实操考试，获得相应的职业资格证书。

建设“三好”平台　扎实培养人才

工业和信息化部教育与考试中心

编者按：工业和信息化部教育与考试中心以大力实施“工业和信息化线上培养工程”为抓手，聚焦“制造强国、网络强国”建设的重点领域，汇聚线上培训资源；推出“工信教育”App，开发线上考试系统，完善平台功能，提升用户使用体验；支持和激励合作单位积极参与线上培训，提高培训质量，加强资源共享，高质量打造优质网络平台，高水平开展线上人才培养。

工业和信息化部教育与考试中心坚持以习近平新时代中国特色社会主义思想为指导，认真落实《新时期产业工人队伍建设改革方案》，聚焦产业工人素质提升，创新理念方法，积极实施“工业和信息化线上培养工程”，努力做到“建设好平台、汇聚好课程、提供好服务”，扎实做好人才培养。

一、建设好平台

工业和信息化部教育与考试中心围绕人才培养、技术技能培训、思想政治引领等任务，强化顶层设计、整体统筹和协同配合，推动平台建设取得积极进展和成效。

（一）丰富平台内容。设立政策文件、公益课程、线上培训、就业服务、大国工匠等6个专栏，积极宣贯产业政策，及时发布产业动态，动态发布行业资讯，引领产业人才培养方向。

（二）完善平台功能。常态化开展满意度调查，推动外部用户、参训学员和合作单位等积极参与平台改进，实现并不断优化直播、录播、随堂测试、结业考试、学时记录、证书查询等功能；打通平台与其他实训平台间的链路，探索线上实训功能；为学员建立终身学习电子档案，存储个人信息、学习经历、学习成果等信息。推出“工信教育”App、微信H5页面等学习手段，便于学员随时随地利用碎片时间学习。开发线上考试系统，实现考前人脸识别验证、考中智能防作弊、考后复核等云端监考功能，考试全程录像留痕，确保考试公平、可信、可追溯。

（三）规范运维管理。制定培训课程、项目管理和运维等管理办法，实行培训课程、合作单位目录管理，梳理形成清晰的工作流程，建立与国家级平台相适应的运行秩序。

（四）加强宣传推广。推出“技能百家谈”栏目，聚焦重点领域的职业发展和人才培养，邀请“产学研用”有关专家解读国家职业政策、分析职业发展趋势、讲解知识要点和经验做法等，推进全社会了解产业工人、关心支持产业工人发展。开通VR大国工匠博物馆，引进发布“大国工匠”专题片、教学片103部，推广“大国工匠”先进事迹，弘扬劳模精神、劳动精神、工匠精神，激励产业工人走技能成才、技能报国之路。

二、汇聚好课程

坚持需求先导，为产业工人选准课；坚持质量第一，为产业工人选好课。

（一）遴选优质课程。聚焦“制造强国、网络强国”建设的重点领域，围绕“高精尖缺”岗位、新职业和社会急需岗位，公开征集优质培训项目和合作单位，积极研发和遴选优质课程。目前，已有智能制造、工业互联网、人工智能、5G通信等20个领域的637门课程（其中公益课程465门）、15501个视频，有力地支撑了产业工人技术技能学习培训。

（二）组建课程联盟。牵头征募36家工信领域优质线上平台，组建“工信领域网上学习平台发展委员会”，汇总2000门共享课程，打造“一站通学”模式，推动资源共享、互惠互利，提升产业工人学习的便利性。

三、提供好服务

坚持以人民为中心的服务理念，不断增强各类用户群体的获得感、体验感。

（一）全力开展培训。承办工业和信息化部节能与综合利用司全国工业节能监察培训，服务31个省、区、市的3300余名节能监察人员。面向有关企业大力开展智能制造、集成电路、“碳中和”、“碳达峰”等领域急需紧缺人才培训，并进行能力考核，满足行业企业用人需求。积极对接全军军事职业教育线上平台——“军职在线”，免费开放440余门精品课程，助力全军官兵提升信息素养。开设《乡村振兴技能提升》《退捕渔民就业培训》等栏目，推出针对性强、难度适中的特色课程182门，助力乡村人才振兴和退捕渔民就业。联合举办全国残疾人就业和职业培训信息管理系统管理员线上培训等。

（二）助力疫情防控。免费开展技能培训，上线疫情防控课程，助力打赢疫情防控阻击战。自2022年以来，服务有关单位开展线上招聘考试，先后为西北工业大学、哈尔滨工业大学等9家单位3000余名应聘人员提供线上考核服务。

（三）提供就业服务。联合全国中小企业网上招聘平台，推出招聘岗位信息9万余条，并保持每日更新，为产业工人提供免费、及时的就业信息服务。

2022年，平台入选人社部优质线上培训平台推荐目录。目前，平台已建设成为功能完备、课程丰富、学习便利、知名度高的国家级网上学习平台，累计有超过2200万人次浏览、660万人次线上学习，学习总时长108万小时，有力助推了产业工人队伍技术技能培训，产生了较好的社会效益。

校企合作建基地　产教融合育人才

云南省曲靖市麒麟职业教育集团

编者按： 云南省曲靖市麒麟职业教育集团以夯基础、育新人、促发展为导向，主动对接国家产业发展和企业用人需求，悉心培养新时代产业工人；以基地建设为抓手，以“一个专业挂靠一个企业、一个专业通过校企合作打造一个产教融合的实训基地”的方式，搭建校企合作桥梁；以作用发挥为重点，通过校企双方“合力育人、合训师资、合心服务”落实德技并修、立德树人的理念，在人才的输入与输出中助推职业教育赋能增效，实现校企互利共赢，促进产业发展壮大。

作为产业工人队伍建设改革第二批全国试点单位，云南省曲靖市麒麟职业教育集团聚焦试点主题，明确目标任务，大力推行项目工作法、典型引路法，以建设新能源汽车职工职业技能实训基地为基础，深入推进产教融合、校企合作，通过典型引路、先锋开路，把“一花独放”转变为“百花齐放”，把“盆景”打造成“风景”。

一、资源共享共通，基地建设聚焦发展大局

（一）聚焦试点主体，明确改革方向。集团聚焦“产教融合校企合作建设职工职业技能实训基地”这一主题，围绕“服务什么产业、建设什么基地、培养什么人才”进行深入调研论证，明确了“一个专业挂靠一个企业、一个专业通过校企合作打造一个产教融合的实训基地”的工作思路和“一年打基础、两年上台阶、三年有实效、四年创一流、五年成引领”的总体目标，提出了以“3+5+N+‘一平台’”为重点的基地建设目标任务。

（二）锚定社会需求，服务发展大局。集团准确把握国际形势，聚焦国家战略定位和产业布局，基于“越发高涨的燃油价格会导致新能源汽车迎来井喷式发展，当前我国新能源汽车专业维修人才严重不足，集团下设的曲靖市麒麟职业技术学校已有26年汽车维修类专业办学历史，但实验、实训设备跟不上汽车更新换代步伐，人才培养与企业需求不对应”等现实问题的考虑，锚定新能源汽车维修这一朝阳领域，与北京正华中天企业管理有限公司合作，共同打造新能源汽车职工职业技能实训基地。

二、校企同心同向，改革试点搭建合作桥梁

（一）“一条龙”达成招生、就业的深入合作。同心所期，方能同向而行。为彻底打破“所教非所需、所学非所用”的尴尬局面，确保人才培养真正符合企业需求，在合作之初，校企就双方的责、权、利进行了明确，通过合建基地、合力育人、合训师资、合心服务，做实订单招生、定向培养、定岗实践、定点输送，形成招录学生、人才培养、资格认定、精准就业的职业教育闭环，最终实现双方合作共赢。

（二）高标准打造理实一体的实训基地。按照“学校投一点，企业出一点、政府帮一点、各级总工会助一点”的思路，筹措500万元经费，校企联合打造了占地2100平方米，集学生实习、职工培训、“双师型”教师培养、技能鉴定考核、技能竞赛5个功能为一体的新能源汽车职工职业技能实训基地。以实用为导向，根据汽车维修职业岗位的技能要求，建设新能源汽车动力系统实训室、充电系统实训室等7个实训室。企业按照新车型、新技术、新工艺的要求，为基地配备了奔驰S600、帕萨特、长城、比亚迪·秦等多款中高端市场热销车型，通过整车解剖部件三维悬浮展示、墙体教具展示、整车检测维修操作等，让师生在实景教学中掌握车辆各系统的运行原理及对应问题的检测与维修方法，夯实学生的专业知识和技能，缩短其从毕业学生到产业工人的转化时长。

三、育才予智予技，人才培养彰显责任担当

（一）加强思想政治引领。在人才培养中，坚持把“党的领导”主线贯穿始终，以集团党群教育服务中心为主阵地，以党史学习教育、“三室一站”建设、隆重庆祝建党百年为抓手，加强对学生的思想熏陶和政治引领。

（二）抓实学生技能培养。校企双方相互补位、同担重任，紧盯招生宣传、专业提升、课程设置、人才输送等各环节，创新教学管理模式，通过开展“师带徒”“双元制”教学，实施“冠名班”“订单式”“定制式”培养，专业教师入企顶岗，企业骨干进校传技，形成“校长变厂长、老师变师傅、学生变学徒、课堂变车间、作业变产品，理论与实践相结合、校内与校外相结合、教学与生产相结合、学校与企业相结合、学习与应用相结合”的“五转变、五结合”教学模式，实现校企专业共建、课程共担、师资共训、资源共享、人才共育、校企共赢的“六共合作”育人目标，实现招工即招生、入学即入企、生产即实训、毕业即就业。

四、合作从深从实，点上出彩贡献实践样板

（一）用活基地，实现效益最大化。实训基地的建成，每年可满足集团汽车类专业 2500 余名学生近 1 万人次的实操实训需求，可为各级技能大赛汽车类赛项提供优质平台，可面向社会每年提供技能培训 3860 人次、技能等级鉴定 2600 人次、开展农民工再就业及转岗培训 600 人次、企业在职员工培训 600 人次。仅建成后的 2 个多月内，已为集团汽车类专业学生提供实习实训 2000 余人次，已推介 323 名学生进入蜂巢、欣旺达等全国排名领先的汽车新能源公司实现精准就业，其薪资普遍在 6000~1 万元。

（二）再求提升，打造改革新样本。在职业教育改革工作推进中，校企合作是重点，产教融合是关键，人才培养是目标，服务发展是根本。下一

步，集团将围绕产业工人队伍建设改革，立足新能源汽车职工职业技能实训基地，积极申报打造产业学院、工匠学院，做好基地提质升级“后半篇文章”，以点上出彩带动面上提升，努力让麒麟职业教育集团改革成效成为全国实践样板，为国家提供强有力的人才支撑和技能保障。

强力推进“职工创新创效工程”为经济社会高质量发展汇聚澎湃动能

山东省新时期产业工人队伍建设改革工作联席会议办公室

编者按： 山东省以“加大对产业工人创新创效扶持力度”的试点任务为契机，强力推进“职工创新创效工程”；以“服务职工创新成果转化创效”为核心，将职工创新成果展示、企业创新需求发布、揭榜挂帅、成果转化应用等融为一体，建成覆盖各行业的山东省职工创新创效互联网平台——“鲁班双创网”，强力实施“齐鲁工匠”建设工程，充分激发全省职工创新创效的动力和活力。

近年来，山东省深入贯彻学习习近平总书记对山东工作的重要指示要求，聚焦“在增强经济社会发展创新力上走在前”，持续深化产业工人队伍建设改革，以“加大对产业工人创新创效扶持力度”的试点任务为契机，强力推进“职工创新创效工程”，充分激发全省职工创新创效的动力和活力。

一、强化顶层设计，凝聚强大合力

（一）加强部门协作。山东省总工会联合组织、科技、工信、人社等部门，成立山东省职工创新创效竞赛活动组织委员会，设立山东省职工创新创效推进工作办公室和创新创效服务基地建设工作专班，牢固树立“一盘棋”思想，切实加强对全省职工创新创效工作的组织领导。

（二）健全运行机制。出台《山东省职工创新创效服务体系建设实施方案》《山东省职工创新创效工作评价办法（试行）》，完善责任、对标、评价等配套制度机制，有力保障了职工创新创效工作开展。

（三）压实各级责任。把推进职工创新创效工作纳入各级工会年度重点工作，明确工作标准，开展量化评价，将评价结果与各级工会工作创新发展标准化管理和产业工人队伍建设改革考核直接挂钩，有效激发上下共同推进职工创新创效工作的积极性，形成了党政重视支持、工会牵头实施、部门协调联动、企业和职工广泛参与的工作格局。

二、强化实体运作，提高服务效能

瞄准“全国一流”的高标定位，以“服务职工创新成果转化创效”为核心，着力打造实体化、市场化、专业化的服务机构。

（一）服务基地实体化。山东省职工创新创效服务基地集职工创新成果展示、企业创新需求发布、揭榜挂帅、成果转化应用等为一体，建成4个月来，已有40余项优秀成果在基地推介布展。

（二）服务机构市场化。注册成立鲁班职工创新创效服务中心，负责基地的市场化运营，具备成果聚集评估、推介对接、跟踪转化、商务服务四大功能。

（三）服务队伍专业化。打造专业的转化经理人队伍，完成首批20名经理人认证签约，为全省职工创新创效提供“一站式”服务。目前，已成功转化12项职工创新成果，取得了良好的经济效益和社会效益。

三、强化平台支撑，汇聚创新资源

注重前瞻性、开放性、拓展性，建成覆盖各行业的山东省职工创新创效互联网平台——“鲁班双创网”，创新打造四个平台。

（一）资源共享平台。广泛汇聚高新企业、专家人才、创新成果、专业检测机构等10类优质创新资源，全面响应职工创新创效多样化需求，实现需求一键发布、平台自动匹配，构建资源与需求精准对接模式。

（二）转化支撑平台。与山东省知识产权交易中心、国网电商公司等专业平台签订战略合作框架协议，为职工创新成果转化推广牵线搭桥。

（三）工作推进平台。基于平台大数据对工作推进情况进行实时抓取和真实记录，利用“双创排行榜”对各市工作情况进行排名通报，为推动工作提供重要抓手和支撑。

（四）展示交流平台。开设“双创云展厅”，搭建在线交流平台，举办创新大讲堂、技术沙龙等，推动各类创新团队、创新人才在交流互促中共同成长。目前，已汇聚 3032 家高新企业、340 名专家人才、159 项创新成果、135 家专业检测机构等优质创新资源，为职工创新创效提供有力的资源支撑。

四、强化载体搭建，激发创新活力

坚持系统观念，强化全员覆盖，实现活动载体有机贯通、协同发力。

（一）强力实施“齐鲁工匠”建设工程。培育“齐鲁大工匠”40 名、“齐鲁工匠”160 名，对这两类工匠分别给予 30 万元、6 万元的创新资金资助，以此带动各级培育各类工匠人才 4.34 万名，为全省经济社会高质量发展提供创新人才支撑。

（二）创新培育全员创新企业。培育省级全员创新企业 100 家，给予每家 30 万元的创新资金资助，创新企业及其负责人可优先推荐申报“五一劳动奖”和“劳动模范”称号，以此带动各级培育各类创新企业 3200 余家，充分发挥了企业创新主体作用。

（三）深化创建劳模和工匠人才创新工作室。培育省级劳模和工匠人才创新工作室 267 个，给予每个 5 万元的创新资金资助，以此带动各级创建各类创新工作室 1.31 万个，搭建了创新人才培育平台。

（四）广泛开展职工创新创效竞赛。参照省科学技术奖评选办法，面向生产一线职工，层层组织创新竞赛 6483 场次，参与企业 15281 家，取得创新成果共 177.6 万项。省级决赛评出 102 项职工创新成果，其中对特等奖重奖 100 万元，力度之大前所未有，营造了浓厚的创新氛围。

（五）着力打造职工创新创效柔性联盟。以行业、地区、企业为主体，以全员创新企业、劳模和工匠人才创新工作室、科研机构、高等院校、职业学院的创新人才为骨干，着力打造创新项目联合攻关、创新人才联合培养、创新成果互助共享的山东省职工创新创效柔性联盟，为职工创新创效赋能添力。

积极推进技能人才薪酬分配工作
切实提高技术工人待遇水平

山东省人力资源和社会保障厅

编者按： 山东省人力资源和社会保障厅坚持统筹处理工资分配关系，多措并举完善技能人才工资分配制度，全方位、系统性设计提高技术工人待遇水平的政策措施，打通高层次人才服务绿色通道，全力支持企业开展技能人才自主评价工作，推动企业建立健全符合技能人才特点的薪酬分配制度。

为更好地服务于中国制造、中国创造，深入实施人才强国战略、创新驱动发展战略，山东省人力资源和社会保障厅认真落实人社部《技能人才薪酬分配指引》要求，坚持按劳分配和按要素贡献参与分配，坚持职业发展设计与薪酬分配相配套，坚持统筹处理好工资分配关系，多措并举完善技能人才工资分配制度，提高技术工人待遇水平，推动企业建立健全符合技能人才特点的薪酬分配制度。

一、健全完善技能人才薪酬分配政策体系

（一）印发《关于进一步提高全省技术工人待遇的通知》，结合省情对中共中央办公厅、国务院办公厅发布的《关于提高技术工人待遇的意见》进行细化，全方位、系统性设计提高技术工人待遇水平的政策措施，为企业提供技能人才薪酬分配参考。企业可结合实际，建立健全适应企业发展需要的技能人才薪酬分配体系。

（二）印发实施《关于开展"技能兴鲁"行动加强技能人才队伍建设的

若干措施》，构建多层次技能人才培训体系，加强技能人才培养载体建设，进一步推动技能人才队伍建设。

（三）修订实施《山东省高层次人才服务绿色通道规定》，将高层次技能人才纳入高层次人才范围，发放“山东惠才卡”，让高层次技能人才享受岗位薪酬、交通出行、医疗保障等29项绿色通道服务。用人单位为获得“山东惠才卡”的高层次技能人才配备“一对一”服务专员，目前服务专员配备率达100%。

（四）印发《关于进一步规范企事业单位高级专家延长退休年龄有关问题的通知》，规定对于确因工作需要需要继续聘用的企业在聘高级技师，可以按规定程序和权限延迟其退休年龄，原则上不超过65周岁退休。

二、切实提高技能人才收入待遇水平

（一）建立技能岗位工资价位发布机制，汇总分析企业薪酬调查数据。自2017年以来，每年发布50个技能岗位工资价位信息，同时发布技能等级工资价位，引导企业积极与市场工资价位对标，合理确定职工工资水平。

（二）统筹高技能人才奖励政策，加大奖励力度。对泰山产业领军人才（产业技能类），给予50万元补助资金；对齐鲁首席技师，在4年管理期内每年给予1.2万元政府津贴；对山东省技术能手，给予一次性奖金2000元。

（三）合理确定高技能领军人才薪酬待遇。鼓励参照高级管理人员标准落实高技能领军人才经济待遇；对掌握关键操作技能、代表专业技能较高水平、能够组织技改攻关项目的，其薪酬水平可达到工程技术类人员的较高薪酬水平，或者相当于中层管理岗位薪酬水平；行业佼佼者的薪酬待遇水平可与工程技术类高级别专家和企业高层管理岗位的水平相当。

（四）鼓励国有及国有控股企业率先探索推行关键技术技能岗位持股制度。允许对高技能领军人才采取协议工资制、项目工资制等多种分配形式，鼓励实行年薪制、股权制、期权制等激励办法。

三、全面加强技能人才队伍建设

截至目前，山东省技能人才达 1358 万人，其中高技能人才 373 万人；新增技能人才 106 万人，居全国前列。

（一）推行终身职业技能培训。深入实施三年职业技能提升行动，共开展各类职业技能培训 651.8 万人次。

（二）深入实施高技能人才振兴计划。“十三五”期间，共建设国家级高技能人才培训基地 20 个、国家级技能大师工作室 20 个、山东省技师工作站 36 个、齐鲁技能大师特色工作站 100 个。

（三）加大校企合作培养技术工人力度。大力推行企业新型学徒制，累计开展学徒制培养 7.8 万人，全省技工院校年培训劳动者超过 50 万人。

（四）完善技能人才评价工作。先后出台《关于开展企业技能人才自主评价的实施意见》《关于全面开展企业技能人才自主评价的通知》《关于在企业试行设立特级技师岗位的通知》等政策文件，全力支持企业开展技能人才自主评价工作。印发《关于工程技术领域高技能人才与工程技术人才职业贯通发展的实施意见》，实现工程领域高技能人才与专业技术人才“贯通互评”。

（五）打造“技能兴鲁”职业技能竞赛品牌。加大劳动和技能竞赛培养选拔技术工人工作力度，每年组织不少于 60 项省级重点赛事，带动各行各业立足本职岗位开展练兵比武活动。

贯彻新发展理念
培育高素质装配式建筑产业工人

山东省住房和城乡建设厅

编者按： 山东省住房和城乡建设厅以劳动和职业技能竞赛、创新工作室培育、全员创新创效等活动为抓手，聚焦装配式建筑产业工人队伍教育培训及素质提升体系创建。成立山东省装配式建筑工作领导小组，凝聚起加快装配式建筑产业发展的强大工作合力；广泛开展理想信念教育，大力宣传爱岗敬业、建功立业的先进典型事迹，着重强化对工程项目专业分包班组装配式建筑产业工人的思想政治引领工作；开展以“五比两创”为主要内容的改革创新攻坚竞赛，健全制度机制；实施产教融合，畅通职级晋升渠道，持续为产业发展提供人才支撑。

近年来，山东省住房和城乡建设厅认真落实产业工人队伍建设改革部署，以劳动和职业技能竞赛、创新工作室培育、全员创新创效等活动为抓手，聚焦装配式建筑产业工人队伍教育培训及素质提升体系创建，全力打造一支思想过硬、本领高强、充满活力的装配式建筑产业工人队伍，推动了全省装配式建筑产业的高质量发展。

一、建机制聚合力，持续加强产业发展组织领导

坚持把创新作为推动装配式建筑产业发展的第一动力，针对装配式建筑行业市场主体动力不够足、行业内交流机制不健全等“瓶颈”问题，山东省住房和城乡建设厅有关处室单位、建设工会、行业协会协同联动，健全完善创新机制，全力破解发展“瓶颈”。成立山东省装配式建筑工作领导

小组，16 个设区市分别成立了由市政府牵头，以市住房和城乡建设局、市自然资源局等有关部门为成员的装配式建筑工作领导小组，或建立了部门联席会议制度，形成了部门协同、上下联动的装配式建筑产业发展推进机制，凝聚起加快装配式建筑产业发展的强大工作合力。

二、强引领聚人心，持续加强职工思想政治引领

山东省住房和城乡建设厅始终把强化职工思想政治引领作为重要政治任务，在全行业深入实施党工共建、融合发展，组织开展“双争”活动、“弘扬三种精神 · 共圆百年梦想”主题教育、“中国梦 · 劳动美”主题演讲比赛、“最美建设职工”选树宣传、工匠讲堂、“劳模进工地”等一系列活动。广泛开展理想信念教育，大力宣传爱岗敬业、建功立业的先进典型事迹。针对目前施工总承包企业自有装配式建筑产业工人较少、流动性较大的问题，着重强化对工程项目专业分包班组装配式建筑产业工人的思想政治引领工作，组织劳模工匠和工会干部进企业、进工地，开展宣讲活动近 20 场，受众达 2 万余人。

三、搭平台建舞台，持续推动全产业协同共进

设立由行业协会、企业、高校、科研机构组成的山东省装配式建筑产业技术创新联盟，开展科技攻关创新，积极组织行业交流、论坛会议、评先树优等活动，引导各方企业加大投入、积极创新、协同发展。开展以“五比两创”（比管理、比质量、比人才、比成果、比保障，创品牌、创建工匠劳模创新工作室）为主要内容的改革创新攻坚竞赛，健全制度机制，发挥工匠劳模创新工作室的示范引领作用，并取得显著成效，10 家建筑企业获省级“全员创新企业”称号。

四、提素质畅通道，持续为产业发展提供人才支撑

（一）多方协同发力，大力开展职业教育。依托省内职业院校、行业协会和骨干企业，集合装配式建筑技术专家力量，制定和完善技术技能教材、教学培训大纲、技能考评标准，精心制作装配式建筑教案、多媒体课件、教学视频、虚拟实操等教学资源，在各类建筑专业院校、住建系统培训机构以及18所省级装配式建筑实训体验基地增设装配式建筑相关课程，先后举办5期装配式建筑技术培训班，培训1000余人次，培养了大批高素质产业工人。

（二）实施产教融合，通过理论、实操紧密结合来提升职工技能水平。依托中国建筑绿色产业园（济南）、建筑施工安全和装配式建筑施工体验式教育基地以及在建工程项目，在产教融合中开展体验式教育、职业技能理论与实操培训、职业技能大比武、“质量工匠之星”评选等活动，对强化装配式建筑产业工人的质量意识、提升技能操作水平、增强职业荣誉感发挥了重要作用。

（三）畅通职级晋升渠道，激励职工立足岗位苦练技能。积极倡导建立技能导向的激励机制，引导建筑业企业将薪酬与建筑工人技能等级挂钩，实现“多劳者多得、技高者多得”；健全职工职级晋升体系，把“五小”活动、劳动和技能竞赛等活动作为职工职级晋升的重要依据，激励职工立足本职岗位成长成才。近年来，全省先后组织开展了装配式钢结构构件加工、装配式建筑职业技能竞赛等活动，为装配式建筑产业工人展示风采、切磋技艺、提升水平搭建了宣传交流平台。

围绕落实产业工人队伍建设改革和钢结构装配式住宅建设两项试点任务，山东省住房和城乡建设厅联合12个部门印发《关于推动钢结构装配式住宅发展的实施意见》，制定人才建设等7个配套文件，构建形成“1+N”政策体系，落实钢结构装配式住宅建设试点项目214万平方米。住建部对山东的试点工作给予了充分肯定，并在全国进行推广。

以职工为中心　以需求为导向
全力打造新时代工匠之城

山东省青岛市新时期产业工人队伍建设改革工作联席会议办公室

编者按：青岛市深入落实习近平总书记“办好一次会，搞活一座城”，建设现代化国际大都市的重要指示精神，全力打造“新时代工匠之城”和“世界工业互联网之都”。通过打造思想阵地、开展主题教育、讲好先模故事，强化思想引领，凝聚听党话、跟党走的正能量；实施素质提升工程，推动“新时代工匠之城”建设；搭建建功立业平台，激发创新创效活力；实施普惠服务，强信心、聚民心、暖人心。

近年来，青岛市深入落实习近平总书记“办好一次会，搞活一座城”，建设现代化国际大都市的重要指示精神，持续推动产业工人队伍建设改革走深走实，全力打造“新时代工匠之城”和“世界工业互联网之都”。

一、顺应产业工人对提升职业认可度、身份认同感、社会归属感的需求，强化思想引领，凝聚听党话、跟党走的正能量

（一）打造强基铸魂思想阵地。命名66个青岛市职工思想政治教育实践基地，升级改造7个工人文化宫，新建劳模工匠展示馆、工人运动纪念馆，设立劳模工匠宣传走廊，命名100家“职工信赖的职工之家”，打造50个“区域共享职工之家”，建设1029个市级以上职工书屋。

（二）开展强基铸魂主题教育。开展聚焦中心铸魂行动、党史教育“七百”实践活动、“匠心向党、劳动铸魂”活动、“每周一讲”职工大讲堂、“劳动者之歌·共同的家园”演出、职工文艺党课、职工书画摄影集邮

展、职工文艺演出等活动，引领职工听党话、跟党走。

（三）讲好强基铸魂先模故事。组织创作劳模画像、《建设者影像》等作品，拍摄青岛工运纪录片《铸魂》，编印《百位劳模故事集》《青岛工匠画册》，组织劳模工匠进企业、进社区、进学校 300 余场次，开设《劳动者》电视专栏，组织参加劳动竞赛短视频大赛。建成全国首家劳模管理服务区块链系统，在机场、火车站等开通劳模 VIP 通道。

二、顺应产业工人渴望成长成才、希望增加收入、期待晋级晋升的需求，实施素质提升工程，打造“新时代工匠之城”

（一）搭建技能人才培养体系。全市开展职业培训 32.2 万人次，发放补贴 1600 余万元，4 万多名职工受益。实施“1138”素质工程，帮助 1.6 万余名职工提升技能和学历水平。成立青岛工匠学院，建成全国首家职工赋能中心，建设首批 30 个实训基地、18 家工业互联网职业技能提升培训承接单位，服务职工 6 万余人次。

（二）建立技能要素参与分配机制。鼓励企业在工资结构中设置体现技术技能价值的岗位津贴、技能津贴、带徒补贴等工资单元，加大对技能要素和创新成果参与分配的激励力度，劳动者收入增幅连续 4 年超过 GDP 增幅和财政收入增幅。

（三）搭建职工成长阶梯。鼓励企业开展“双师制”“双通道”等技能人才评聘体系建设，全市 29 家企业成为技能人才自主评价单位，近 5000 名技能人才参与评价。

（四）厚植工匠文化。市政府出台《关于弘扬工匠精神打造工匠之城的意见》，每年命名“青岛大工匠”10~20 名、“青岛工匠”40~80 名，分别奖励 8 万元和 2 万元。形成市级、区（市）级、企业工匠建设梯队。全市 530 余家企业开展工匠选树，培育各级工匠 5737 名，涌现出“大国工匠”2 人、“齐鲁（大）工匠”14 人次、“青岛（大）工匠”100 人次，为工匠之城夯实了根基。

三、顺应产业工人岗位建功、实干报国、实现人生价值的梦想，搭建建功立业平台，激发创新创效活力

（一）搭建立功竞赛平台。将市级一类以上技能竞赛费用纳入财政预算，每年开展各级劳动和技能竞赛3000余项。成功承办上海合作组织成员国青年创新创业大赛、全国人工智能应用技术技能大赛等国际、国家赛事，多名职工获国际大赛奖项。连续举办十七届青岛市职业技能大赛，带动岗位练兵300余万人。

（二）搭建技能创新平台。构建集全员创新企业、劳模和工匠人才创新工作室、创新班组、创新能手、创新成果于一体的职工创新体系。每年出资1100余万元，培育全员创新企业，重奖职工创新发明，特等奖最高奖励50万元。建成市级以上创新工作室191家、区市级的2000余家。

（三）搭建创先争优平台。围绕新一代信息技术、高端装备、现代海洋等"十强"产业和青岛"956"产业新体系开展技术技能、创新创意竞赛，给予每个市级"十强"产业竞赛项目2万元资金支持。

四、顺应产业工人维护合法权益、获得基本保障、融入城市生活的现实需求，实施普惠服务，强信心、聚民心、暖人心

（一）搭建普惠服务平台。将多项涉及服务职工的项目纳入全市办实事项目：建成户外劳动者驿站679个、爱心妈妈小屋405个、爱心托管驿站209家；建成职工心理健康服务中心（站、室）147个，累计服务140余万人次。实施产业工人队伍建设改革以来，组织1800名劳模、2万多名职工疗休养，推出普惠优惠活动66项，505万人次享受到了普惠服务。

（二）以创业带动就业。构建和完善政策支持体系，扶持创业16.8万人，累计帮扶就业困难人员就业18.9万人。创建市级及以上创业孵化载体

23 家，发放创业担保贷款 14.1 亿元。建成全国首家涵盖近 1000 家企业的工友创业联盟，培育 101 家工友创业园，扶持创业 2903 人，带动就业 10.1 万人。

（三）强化权益维护保障机制。搭建公共法律服务三大平台，提升青岛市“12348”法律服务专线和“12351”职工维权热线的功能，推行法律援助申请“全市通办”。打造“123456”法律维权体系，推进“四云”法律服务，建立建会企业大数据平台和 205 个劳动关系监测点。开展“劳动用工法律体检”集中行动，推行的职工维权“莱西模式”在全国得到推广。

建设高素质产业工人队伍
推动企业高质量发展

山东浩信集团有限公司

编者按：山东浩信集团有限公司致力于打造一支专业型、创新型、活力型产业工人队伍，开辟产业工人队伍成长壮大的“浩信路径”；实施职工“凝聚力工程”，实行职工管理、技术“双通道”职业晋升制度，维护产业工人队伍和谐稳定；完善以职工为主体的创新成果转化体系，全力推动企业转型升级。

山东浩信集团有限公司（以下简称“浩信集团”）主要从事商用车、乘用车、工程农业机械底盘类零部件和发动机零部件的研发与制造，是国内商用车制动鼓、轮毂产品专业研发制造基地，是全国铸造百强企业之一、中国铸造行业单项冠军企业、中国绿色铸造企业、山东民营企业创新100强，连续10余年入选潍坊市民营企业百强。现有职工6300人，其中大专以上学历者1000余人，中、高级研发人员300余人，初级以上技术等级的一线工人占比达68.2%。

一、开辟产业工人队伍成长壮大的“浩信路径”

（一）建设一支专业型产业工人队伍。充分发挥公司现有省、市、县三级工匠的示范带动作用，选聘185名工匠、技术能手为企业“技能导师”，帮带一线职工600多人，构建起企业种子工匠、工匠、首席工匠三级培育模式，实行分层级结对、阶梯式培养。截至目前，已培育企业种子工匠154人、工匠33人、首席工匠5人。

（二）建设一支创新型产业工人队伍。“外引”“内育”双管齐下，先后引进国内外高端人才 13 名，形成职工创新“头雁”效应，不断提升职工队伍的创新力。推行全员创新计划，以首席技师、各级工匠为核心，成立创新研发小组、党员先锋岗、青年员工创新队等创新团队 20 多支，先后完成自动机械手、桁架机器人、自动喷漆线等创新成果 200 多项。在 2021 年第二届浩信科技创新表彰大会上，24 人获得创新奖金 60 余万元。

（三）建设一支活力型产业工人队伍。着力培育职工成长内生动力，鼓励职工自我提升。制定实施学习补贴制度，职工业余参加短期培训、函授、成人高考、自学考试等费用全额报销。2021 年，为 1260 名职工发放学习补贴 53 万元，300 余人获得技术等级和职称晋升。

二、完善产业工人队伍和谐稳定的“浩信待遇”

（一）职工地位有提升。实施职工“凝聚力工程”，2021 年组织开展团建、走访慰问、专题报告会等主题活动 10 余场（次），参与职工 3200 多人次。设立劳模（工匠）专用车位 100 余处、劳模（工匠）事迹宣传展板 80 余处、职工餐厅劳模 VIP 窗口 10 个，增强了职工的荣誉感和成就感。

（二）职业晋升有通道。实行职工管理、技术“双通道”职业晋升制度，通过劳动和技能竞赛、合理化建议征集等活动，对职工擅长领域、发展方向进行评估并组织有针对性的培养，使职工能够在更适合的岗位上发挥作用。2021 年，23 名职工被提拔到管理岗位，47 名一线工人被调到技术研发岗位。

（三）岗位成才有荣誉。建立、完善职工评价奖励制度，各类荣誉向一线工人倾斜，结合职工日常评价、创新创效成绩等，开展“浩信劳模”“浩信功勋”等评选表彰活动。2021 年 4 月，举办浩信集团第十一届劳动模范表彰大会，公司全体管理层夹道欢迎受到表彰的先进个人入场，给予职工充分尊重，凸显了职工的重要地位。

三、打造助推产业工人队伍发展的“浩信模式”

（一）引导职工积极参与企业经营管理。构建管理层决策重大事项、职工解决生产热点难点问题的经营管理工作模式，广泛开展管理层与职工“面对面”访谈，征集职工合理化建议，适时调整企业发展方向、产品结构。2021 年，征集职工合理化建议 3000 余条，有 1700 条被采纳，有效发挥了产业工人在企业发展中的主力军作用，增强了企业应对市场变化的能力。

（二）完善以职工为主体的创新成果转化体系。建立以产业领军人才、首席技师、工匠为核心的评审专家库，对创新项目进行综合评价；组织一线优秀技术工人成立验证小组，对创新成果开展推广验证。截至目前，已有 154 项职工技术创新成果在集团内部推广。

（三）高素质职工队伍推动企业转型升级。高素质的职工队伍为企业创新发展提供了坚实基础和不竭动力，公司先后取得发明专利、实用新型专利 132 项，与特斯拉、采埃孚、博世等知名企业建立合作关系，推动浩信集团由一家劳动密集型传统铸造企业成长为具有自主研发能力和核心技术的国际化汽车零部件研发、制造企业集团，集团先后获得“山东省全员创新企业”“中国汽车零部件制造百强企业”等荣誉。

新东宏·党旗红
职工思想政治引领模式实践与探索

山东东宏集团有限公司

编者按：山东东宏集团有限公司把创新探索“党建引领+”工作模式作为加强职工思想政治引领的重要抓手，将党建引领纳入公司章程，积极探索以抓企业党建促职工思想政治引领工作的新模式；开展以“劳动创造幸福”为主题的系列职工文化活动，着力打造健康文明、昂扬向上、全员参与的职工文化品牌；以创建“山东省全员创新企业”为契机，加大“大师”“工匠”培养力度，做优叫响劳模品牌、工匠品牌、创新品牌。

山东东宏集团有限公司（以下简称“东宏集团”）牢固树立“党建做实就是生产力、党建做强就是竞争力、党建做细就是凝聚力”的工作理念，把创新探索“党建引领+”工作模式作为加强职工思想政治引领的重要抓手，做实叫响“新东宏·党旗红”党建工作品牌，先后荣获“山东省先进基层党组织”“山东省民营企业党组织建设标准化试点单位”称号。

一、突出“建起来”，实现党建工作全覆盖

将党建引领纳入公司章程，积极探索以抓企业党建促职工思想政治引领工作的新模式。

（一）抓机制建设。研究制定《东宏集团党建工作实施细则》，按照时间、层级、进度，明确党委班子任务清单、流程节点和责任分工，将“党建带工建，抓职工思想政治引领”各项工作落地落实。

（二）抓组织网络。主动向曲阜市委组织部申请选派经验丰富的优秀党

务工作者担任公司党建工作指导员，成立赵胜“红帆”党建工作室，紧紧围绕“六好”目标要求，大力推进公司党支部规范化建设。截至目前，建立1个党总支、6个党支部，实现车间、班组党组织全覆盖。2019年，设立省内民营企业第一家党委党校，拓展了职工思想政治教育阵地。

（三）抓党员发展。注重在一线职工中发展、培养党员，及时把政治觉悟高、业务素质强的优秀工人吸纳到党组织中，工人党员数量逐年提升。自2020年以来，共有85名一线职工递交入党申请书，新发展党员29名，工人党员在公司党员中的比例达到47%以上，最大限度地把产业工人凝聚在党组织的周围。

二、着力“转起来”，激发思想引领新活力

（一）抓理想信念教育。党的十八大以来，结合党史学习教育，开展了诵读经典、走红色隧道、“党旗面前践承诺”等活动，传承红色基因。党的十九届五中、六中全会闭幕后，邀请济宁市委党校教授解读“十四五”规划、2035年远景目标纲要和《中共中央关于党的百年奋斗重大成就和历史经验的决议》，教育引导职工听党话、跟党走。

（二）抓榜样示范带动。充分发挥党员的先锋模范作用，成立“党员突击队”，队员抗击新冠肺炎疫情冲在前、做表率，用实际行动践行“每名党员都是一面鲜红的旗帜”的政治自觉。公司广大职工在党员的影响带动下，纷纷参与到疫情防控志愿服务活动中，自发组织捐款捐物约54万元，为打赢疫情防控阻击战贡献了东宏力量。

（三）抓文化创新提升。认真贯彻落实习近平总书记在视察曲阜时作出的大力弘扬中华优秀传统文化的重要指示精神，充分发挥“孔孟之乡”传统文化资源富集优势，与以“劳动创造幸福”为主题的系列职工文化活动相融合，引齐鲁文化活水，涵养万千职工精气神，用优秀传统文化、先进文化涵养职工品德，着力打造健康文明、昂扬向上、全员参与的职工文化

品牌。

三、落脚“强起来”，推进创新发展走在前

（一）抓技能提升。常年与曲阜市总工会、人社局共同举办“圣城工匠杯”东宏集团职工技能大赛，对获奖员工进行奖励的同时，让其获得技师评聘的优先条件，引导、激励员工学技术、练技能，拓宽了高技能人才成长渠道，让“多劳者多得、技高者多得”的理念深入人心。近年来，累计发放奖金390余万元，奖励轿车600余辆、住房80余套，27人获评省、市高技能人才、“五一劳动奖章”等称号和荣誉。

（二）抓创新创效。以创建“山东省全员创新企业”为契机，加大“大师”“工匠”培养力度，选树优秀产业技术工人典型，引导广大职工在新产品研发试制、工艺优化与技术创新等方面开展创新创效实践。公司每年征集合理化建议240余条，形成以技术能手名字命名的创新成果30余项。

（三）抓氛围营造。开展“弘扬三种精神·共圆百年梦想”主题教育活动，在车间、班组设立省市级劳模墙、全员创新光荣榜、创新先锋岗，全方位宣传劳模、工匠先进事迹，做优叫响劳模品牌、工匠品牌、创新品牌，让劳动光荣、技能宝贵、创造伟大成为产业工人的自觉价值追求。

实施“四个工程”
打造世界一流海洋港口主力军

山东港口青岛港（集团）有限公司

编者按：山东港口青岛港（集团）有限公司以产业工人队伍建设改革为抓手，全面实施铸魂、赋能、保障、暖心“四个工程”，推进山东港口一体化改革发展。创新“党建+”工作体系，把党建与生产业务统筹推进、深度融合；构建全方位、多层次的人才培养体系，搭建提升技能的宽广舞台；畅通职工成长通道，打破职业发展“天花板”；落实山东港口“员工关爱基金”制度，持续提升职工在港幸福指数。

近年来，山东港口青岛港（集团）有限公司牢记习近平总书记“加快建设世界一流的海洋港口”指示要求，以产业工人队伍建设改革为抓手，全面实施铸魂、赋能、保障、暖心“四个工程”，切实发挥产业工人主力军作用，为推进山东港口一体化改革发展贡献力量。

一、实施“铸魂工程”，永葆职工队伍先进性

（一）以党建为统领，强根铸魂。集团共有27个直属党组织，下设178个基层党支部，坚持开展“过硬党支部”创建，共有3466名党员，实现党员100%班组全覆盖。创新“党建+”工作体系，把党建与生产业务统筹推进、深度融合，全面夯实港口发展根基。

（二）以思想为先导，凝心聚力。深入开展党史学习教育，组织情景式党课、唱经典红歌等学习活动1500余场次，引导职工把个人理想、家庭幸福融入国家富强、民族复兴伟业。

（三）以先模为榜样，争先创优。开展“走在前列、高昂龙头”争先创优行动，组织劳模工匠进班组开展宣讲活动，交流思想，分享成果。自2020年以来，工会系统共获得市级及以上荣誉310余项。

二、实施“赋能工程”，全面提升职工综合素质

（一）构建全方位、多层次的人才培养体系。开展港口名匠研学、高级技师研修等高技能人才培训项目，构建线上培训平台，实现“订单式”培训管理。连续30多年开展技术工人考工晋级，培养复合型人才2000余人，培育市级以上工匠人才266人。

（二）打造创新创效的职工成长平台。培育3个国家级、5个省级、2个市级技术中心和大师工作站，获批设立博士后工作站，创建11个市级以上劳模工匠创新工作室。投入上千万元，建设10个专业化实训基地，引导职工学习新知识、钻研新技术、掌握新本领。

（三）搭建提升技能的宽广舞台。每年举办职业技能大赛，对荣获单人项目第一名的员工授予“青岛港状元”称号，层层推选“工人先锋号”“巾帼标兵岗”，开展“当好主人翁、建功新时代”劳动和技能竞赛，鼓励职工立足岗位苦练绝活儿。

三、实施“保障工程”，切实维护职工根本利益

（一）畅通职工成长通道。坚持业绩导向，科学设置4个序列和7个职级，每个职级下设5档，搭建起“金字塔”式的员工职业发展通道，打破职业发展“天花板”，让奋斗者得实惠、有地位。

（二）技能要素参与薪酬分配。坚持落实技能津贴、首席技师、突出贡献技师聘任、年金倾斜等制度，对省市级、集团级高技能人才发放专项技能津贴，让技能人才名利双收。

（三）健全民主管理机制。畅通劳动调研、董事长及总经理信箱、工会

"娘家人"热线、职工满意度调查等 15 条民主渠道，极大地调动了职工当家作主、投身生产建设的积极性和创造性。

（四）完善农民工权益保障制度。与农民工依法签订劳动合同，在工资分配上同工同酬，为其足额缴纳五险一金。全港 5900 多名农民工与正式工一个食堂吃饭、一个单子发工资、一个课堂受教育、一个平台得晋升，想学就有机会、想干就有舞台。

四、实施"暖心工程"，持续增强职工的获得感和幸福感

（一）把职工放在心中最高位置。落实山东港口"一家人、在一起，手足情、过日子"的理念，集团党委每年专题研究为职工办好事实事项目，对 2022 年的 13 件好事实事全部实行挂图作战。落实山东港口"员工关爱基金"制度，建立补充医疗保险制度，职工的自费部分报销比例最高可达 95%。

（二）让关怀与关注无处不在。以"模范职工小家"建设为抓手，打造一大批星级候工室、图书室、健身房，持续提升职工在港幸福指数。积极落实关心关爱女职工"十条意见"、搭建单身青年联谊平台、组织干部职工疗（休）养等百余项"我为群众办实事"项目，深受职工欢迎。

（三）培育健康向上的精神家园。利用"齐鲁工惠"App 让职工畅游书海、线上答题，邀请市工人文化宫"共同的家园"演出团队深入港区演出。组建职工文体协会，组织参加和承办省、市大型文体活动 20 余次，获得优异成绩 40 余项。在董家口港区，投资 500 万元建设职工文体中心，让职工的业余文化生活月月有主题、周周有活动，打造了董家口特色文化生活圈等一批文体活动品牌。

“人单合一”模式打造企业合伙人助推海尔高质量发展

海尔集团公司

编者按：海尔集团公司积极适应物联网时代特点，首创提出“人单合一”模式，让产业工人真正当家作主。创新开展“六个一”活动，健全关心关爱长效机制；升级人员管理模式，形成“高贡献、高分享”的良性正循环；打通开放共享的“4+2”职业发展通道，实现了员工个人价值提升与职业发展转型。

海尔集团公司（以下简称“海尔集团”）积极适应物联网时代特点，首创提出“人单合一”模式（该模式是指把员工和用户联系起来，员工在为用户创造价值的同时实现个人价值），打破传统企业金字塔式的管理结构，让每一名员工与用户紧紧相连，使公司人员管理模式发生深刻变革并不断升级，让产业工人真正当家作主。在“人单合一”模式的赋能下，海尔集团通过加强产业工人思想引领，提高产业工人技能素质，畅通产业工人职业发展通道，推动公司产业工人由技术工匠转型为智能工匠，实现了员工个人价值提升与职业发展转型。

一、推动思想引领模式升级，打造“心系职工、情聚海尔”工作品牌

（一）畅通“六个一”聊天交心式沟通渠道。结合新时代产业工人年轻化、个性化特点，创新开展“六个一”活动，即每周一感动、一慰问、一表彰、一接待、一走访，每月一活动。通过搭建零距离沟通网络，以线下

“六个一”访谈模式加线上信息化调研模式相结合，打造职工沟通交心、心灵碰撞的全方位沟通模式。

（二）健全关心关爱长效机制。推出升级版海尔集团爱心救助基金申请平台，提高特殊困难职工及其直系亲属救助金标准及比例。该基金累计救助海尔员工及其直系亲属 271 人次，发放救助金 684.7 万元。

（三）创新“520”亲情式关怀保障模式。聚焦“衣、食、住、行、康”5 项基础需求和“冬季防寒保暖、夏季防暑降温”2 项特定场景需求，根据员工家庭情况输出“0 距离”精准关怀，创新提出“520”亲情式关怀保障模式，解决员工及家属就医、子女上学等急难愁盼问题，极大增强了员工满意度，确保员工能够快乐工作、快乐生活。

二、推动人员管理模式升级，赋能产业工人实现个人价值

（一）职工由打工者升级为企业合伙人。员工从根本上实现了身份角色的转变，由过去的被动执行命令，到现在的主动发现市场机会，积极性、主动性、创造性得到了充分激发和释放。目前，海尔已实现万人以上持股计划，每名员工都在海尔集团这个大平台上实现了个人价值最大化。

（二）管理模式由科层制管控升级为平台赋能。海尔集团把原科层制下的决策权、用人权、分配权下放给一线小微公司，减少对具体事务的管控；通过搭建共享平台给不同业务提供支持，转型为人才成长和小微公司的孵化器，为一线小微公司提供快速、充足的资源支持，让一线小微公司拥有充分的自主管理权。

（三）经营模式由职工做事、企业付薪升级为联合共创、利益共享。小微公司直接面向市场和用户，直接为用户创造价值、传递价值。通过让每个员工所分享的价值与创造的价值相一致，形成“高贡献、高分享”的良性正循环。

三、推动职业发展模式升级，打通开放共享的“4+2”职业发展通道

（一）打通产业工人职业发展通道。海尔集团建立了涵盖技能型员工本岗位技能、多技能、专业技能、技能大赛竞技的 4 大职业发展路线，专业型、管理型的 2 大职业发展通道，与 7 类首席技师规划相衔接。截至目前，集团共培育、评价技能型产业工人 12517 名。

（二）打通首席技师成长成才通道。根据岗位专业不同，设立 A、B、C 三类技能岗位，每类技能岗位分为三个等级，对职工进行岗位技能等级评定，激发职工的“升级”主动性。在集团内开展技师竞技活动，2021 年海尔集团共抉择出 200 名首席技师与智能工匠。

（三）打通产业工人技能培训通道。坚持技能培训全覆盖，以班组为单位，搭建“理论阶段”“独立顶岗”“高级技工”和“高级技师”4 大阶段培育模型，组织开展系统化培训，整体提升员工技能水平。开展创客技能大赛，以赛代培，选拔优秀产业工人，先后有 60 多人获得国家级、省级高技能人才称号。

扎实推进“四个着力”提高产业工人经济地位

安徽海螺水泥股份有限公司

编者按：安徽海螺水泥股份有限公司以开展“提高产业工人经济地位”项目试点工作为契机，努力打造一支知识型、技能型、创新型的产业工人队伍。建立健全薪酬管理“一体系四调整”机制，着力提高产业工人收入水平；打造“海螺大学”网上学习平台，开展“海螺工匠”选树活动，持续提升产业工人素质；制定管理序列和技术序列职位晋升“双通道”制度，启动“52551”人才工程，拓展产业工人发展建功空间；创建职工“幸福家园”，着力完善员工福利体系。

安徽海螺水泥股份有限公司（以下简称“海螺水泥”）是世界500强企业——安徽海螺集团有限责任公司的核心企业，是中国水泥行业首家A+H股上市公司，现有职工47898人，其中大专及以上学历者16641人，占职工总数的34.75%；专业技术骨干11016人，占职工总数的23%。近年来，公司上下深入学习贯彻习近平总书记关于产业工人队伍建设改革的重要指示精神，以开展“提高产业工人经济地位”项目试点工作为契机，加强组织领导，健全工作机制，努力打造一支知识型、技能型、创新型的产业工人队伍，推动产业工人成长与企业发展互促共赢。

一、着力改革薪酬管理体制，多渠道提高产业工人收入水平

为落实安徽省第十一次党代会精神，2021年在集团第四次党代会上提出，到2026年提前实现职工收入倍增的奋斗目标，重点提高一线工人的薪

酬待遇水平，让广大员工共享企业改革发展成果。

建立健全薪酬管理“一体系四调整”机制，明确重实绩、重贡献、差异化的收入分配制度，突出“多劳者多得、技高者多得”，让职工收入水平随企业效益同步增长。建立了职级薪酬体系，对标行业和市场薪酬水平，确定员工职级薪酬，每月开展工作绩效评估，实现薪酬与岗位、技能、业绩、企业效益挂钩。完善最低工资、业绩目标调整和合理增长机制，工资增长向关键岗位、科研开发和生产一线岗位倾斜，确保职工收入水平处于本地区、本行业领先水平。

强化制度顶层设计，制定实施《海螺集团三项制度改革专项行动实施方案》《海螺水泥区域子公司工资总额管理暂行办法》《海螺水泥特别绩效贡献奖励方案》《海螺水泥专项奖励方案》等，建立长效机制，确保薪酬改革具有可持续性。2021 年发放科技创新、生产稳定运行、多种经营等奖励金逾 3.24 亿元，职工人均月收入达 1.08 万元，较产业工人队伍建设改革实施前增长约 37.5%，产业工人的经济地位得到稳步提升，获得感、幸福感、安全感进一步增强。

二、着力构建技能形成体系，推动产业工人凭技能提高待遇

鼓励职工参加在职教育。制定《鼓励员工学习教育指导意见》，对参加在职教育取得硕士或博士学位的，每月分别给予 1000 元、2000 元补助；对取得职业资格证书和高级及以上专业技术职务任职资格的，核报取证费用，并给予月度技术津贴。2021 年，公司 1742 人参加大专以上在职教育，2674 人取得职业资格证书，1375 人取得助理工程师及以上职称。

建设线下线上学习平台。广泛开展技术人才交流研讨、技术工人专业提升培训、名师带徒等活动，打造“海螺大学”网上学习平台，持续提升产业工人素质。2021 年投入 1679 万元开展职工教育培训，组织内外部不同规模、层次的培训 9000 余场次，参加培训人员逾 13 万人次，选聘名师

635 人，培养徒弟 928 人。

搭建技艺展示交流舞台。深入开展“建功十四五　奋进新征程”劳动和技能竞赛，2021 年组织各类竞赛近 460 场，参与职工逾 1.5 万人次，奖金总额近 1.1 亿元。开展“海螺工匠”选树活动，每月为“海螺工匠”发放 1000 元津贴。制定《海螺集团科技创新项目管理办法》，对取得专利授权及为企业创造显著经济效益的创新项目给予一定奖励。加大“五小”创新活动、合理化建议等群众性技术创新活动专项奖励力度，已发放奖励 1300 多万元，取得专利 159 件（其中发明专利 6 件）。

三、着力打通员工晋升通道，拓展产业工人发展建功空间

建立职位晋升“双通道”。根据员工职业发展规划，制定管理序列和技术序列职位晋升“双通道”制度，打破职业技能等级与专业技术职务之间的界限、工人与干部之间的界限，产业工人可晋升为工程师和中高层管理人员。目前，公司 90% 以上中高层管理人员具有基层一线工作经历；2021 年，公司 1538 名技术管理人才获得职务晋升。以数字化人力资源信息平台建设为契机，梳理完善海螺水泥岗位职位体系，搭建五级评价体系框架，为进一步实施专业人员“双通道”打下基础。

重视高层次人才引进培育。启动“52551”人才工程，招引符合产业发展需要的高层次科技人才团队 5 个、博士等高端人才 200 名、硕士 500 名、海螺英才 500 名，计划引进大学生 1 万名。制定《派遣人员津贴管理暂行办法》，对国内驻外人员给予每年 2.5 万~21.6 万元津贴，对驻国外人员每年给予 7.2 万~28.8 万元津贴，鼓励人才在企业内部流动。选派优秀干部到海外项目开展技能输出和帮扶援助活动，积极开办企业职工学校、技能培训中心等，推动国内外职工技能学习和交流。

四、着力完善员工福利体系，增强产业工人的获得感、幸福感、安全感

为全员缴纳“五险一金”，2021 年人均单位缴纳社会保险和公积金分别为 2.63 万元、1.25 万元，较产业工人队伍建设改革实施前分别增长 67.8%、71.9%。全面推行企业年金制度，2021 年人均受益 0.72 万元。制定《海螺集团补充医疗保险管理暂行办法》，员工住院发生的属于城镇职工医疗保险范围内由个人负担的费用，公司按 90% 的比例给予补助；对于得重大疾病的员工，医保外药品分费用段报销 70%~90%，年度内累计补助不超过 50 万元。免费对全体职工开展健康体检，2021 年体检费用提升至 2000 元 / 人。落实《基层工会经费收支管理办法》，每年按照标准向职工发放节日慰问品。

实施提升职工生活品质行动，创建职工“幸福家园”。投入 1.4 亿多元建设海螺特色职工公寓和职工餐厅，公寓均配备空调、家具、网络等，职工免费拎包入住；餐厅按照“6+2+X”自助标准供应丰盛菜肴，公司人均每天补贴约 20 元餐费。做实“服务职工十件实事”和“职工说事”等特色工会品牌，2021 年为职工群众办实事、做好事、解难事近 3500 件。

凝聚人心、激发动能、焕新活力 多维度、多方位促进农民工融入城市

广东省深圳市罗湖区翠竹街道水贝社区工联会

编者按： 广东省深圳市罗湖区翠竹街道水贝社区工联会认真落实关于开展促进农民工融入城市试点工作部署，扎实组织“加强和改进农民工队伍思想政治建设”试点，通过建强阵地、创新管理、选树典型等举措增强思想引领质效；同步建好、用好社区职工文体中心，开展系列文化活动，在满足农民工精神文化需求的同时，引领农民工听党话、跟党走。坚持把思想引领与成长成才、创新创效有机结合，相互促进，持续增强农民工的获得感、荣誉感、自豪感。

广东省深圳市罗湖区翠竹街道水贝社区工联会（以下简称“水贝社区工联会”）现有企业近1500家、职工2.6万余人，企业及其诉求比较集中。水贝社区工联会按照深圳市促进农民工融入城市试点工作部署，结合企业多、流动人员多、年轻人多、低学历人员多、女职工多等实际，多举措推进农民工融入城市，按照先行示范要求，扎实推进“加强和改进农民工队伍思想政治建设”试点工作，积极创新工作模式，开展了许多卓有成效的工作。

一、加强农民工教育引导，思想引领“聚人心”

水贝社区工联会通过“建强阵地、创新管理、选树典型”，推动辖区农民工群体思想政治引领工作走实走深。

（一）打造职工思想政治引领阵地。水贝社区工联会紧抓社区党群服务

中心“一体化”建设契机，将工会阵地、工会元素作为社区党群服务中心一体化规划建设的项目，规范设置工会窗口，将工会的服务列入社区服务清单，同步开展服务活动，构建融合政治学习、素质培训、便民窗口、文体活动等功能的社区一体化职工思想教育基地，将基地打造成为具备“一堂一站一桥两中心”（即职工大学堂、职工服务站、职工“连心桥”、职工事务协商中心、职工文体中心）五大核心功能的服务阵地。该基地集中功能优势为职工提供服务，使得职工服务阵地得到大幅扩容，服务效能得到极大提升，切实提升了工会组织的辨识度和影响力。

（二）创新农民工群体管理模式。水贝社区工联会创新提出了党建干部和工会干部“交叉任职”的创新举措，将企业党员、企业入党积极分子、企业工会干部、企业工会积极分子、工会义工以及农民工等各类职工群体全部纳入社区工联会的管理范围内，进一步增强农民工群体的政治责任感和使命感。通过开展工会培训和考核，发现和培养优秀农民工工会干部，进而将其发展为入党积极分子和正式党员。自 2019 年以来，水贝社区非公联合党支部、工联会共接收、转入职工党员 45 名，通过考察和培养，目前有 4 名优秀职工党员已经担任重点企业的党支部书记；收到工会干部入党申请书 16 份，目前有 2 名工会干部通过社区非公联合党支部和工联会考察，成为预备党员；发展工会义工 132 名，协助工会开展相关工会工作平均时长达 20 个小时。

（三）选树培养优秀农民工典型。水贝社区工联会不断加大在农民工群体中推荐先进的比例。其中，水贝社区工联会杨帅营同志荣获“深圳市五一劳动奖章”称号。同时，社区工联会在喜马拉雅平台上广泛宣传杨帅营同志的先进事迹，讲好职工故事，传播工会声音，打造“农民工明星”，有效加强工会组织在农民工群体中的情感认同，提高农民工群体的社会认同感，增强其职业荣誉感，从而进一步强化职工思想政治引领。该内容被选登至“学习强国”平台，收听量超过 20 万次。

二、加强农民工技能培训，持续激发“新动能”

水贝社区工联会坚持将农民工的思想引领和成长成才紧密结合、同步推进。

（一）盘活资源聚合力。水贝社区工联会聚焦辖区行业特点及农民工群体的切实需求，利用社区党群服务中心“党建大讲堂”，积极推动工会教育资源进驻，打造“职工大学堂”。先后建设了社区、园区、企业职工大学堂12家，为辖区农民工群体提供入职培训、技能提升、学历提升、远程教学等服务。引进市总工会“圆梦计划”，区总工会“企业人力资源管理师技能培训”“珠宝鉴定师技能培训”“电工技能培训”等培训项目，为辖区农民工群体成长成才提供条件。

（二）竞赛比武搭平台。水贝社区工联会围绕辖区黄金珠宝产业特点，举办了“金算盘”速算比赛、珠宝知识竞赛以及安全生产知识竞赛，并多次组织辖区优秀农民工参加全区珠宝设计大赛等，有力促进了珠宝行业产业工人的发展以及辖区农民工技术人才的成长。

（三）创新引领强辐射。水贝社区工联会开展劳模和工匠人才创新工作室创建活动，先后创建了1个劳模工作室和9个工匠人才工作室，通过工作室的创新驱动和模范引领带动，引领辖区农民工群体学习劳模、对标先进。近年来，辖区共有19名农民工拿到钻石检验师资格证书，3名农民工拿到会计从业资格证书，6名农民工拿到企业人力资源师资格证书，23名农民工通过社区“圆梦计划”拿到大专、本科文凭，同时挖掘和培养了11名优秀农民工分别担任社区工联会义工队长、工会工作协理员、工会兼职劳资纠纷调解员等职务，辖区农民工群体获得感、荣誉感、自豪感进一步增强。

三、打造农民工文化品牌，不断焕发“新活力”

水贝社区工联会积极开展满足农民工需要的文化服务活动，以农民工群体喜闻乐见的活动形式和时尚元素，将党的意志和主张落实到农民工群体中去，引领农民工群体听党话、跟党走。

（一）打造“组网型”社区职工文体中心。依托社区党委大力整合辖区工会阵地，推动形成了以“社区党群服务中心、珠宝园区工联会、企业职工之家”为体系的三级职工文体活动阵地，方便农民工群体就近享受工会服务。同时，积极组织开展工会文化服务活动，累积开展活动100余场，辐射企业近700家、职工近3万人次，较好地丰富了农民工群体工作“8小时”之外的业余生活。

（二）开展“主题型”职工文化系列活动。水贝社区工联会坚持围绕辖区农民工群体切实需求做好调研，每年划拨专项活动经费，策划各类主题鲜明的职工服务活动，强化服务效能管理评估，形成了“调查研究—精准施策—反馈评估”的闭环模式，先后举办了跆拳道、摄影、瑜伽、曳步舞、职工形象化妆等培训班近100节，有效增强了辖区农民工群体的幸福感、满足感。

（三）培育“兴趣型”职工文化社团组织。水贝社区工联会鼓励辖区农民工群体结合自身兴趣，自发开展工会活动，先后组建了瑜伽兴趣社团、户外拓展社团、篮球社、珠宝职工讲师团等兴趣社团，形成常态化职工文体活动模式，并依托职工兴趣文化社团，成功发展了一批农民工工会积极分子，有效促进了农民工融入城市。

多方面构建和完善农民工技能形成与提升体系

深圳市合力泰光电有限公司

编者按：深圳市大鹏新区总工会积极发挥基层工会作用，贡献基层工会力量，大力支持、精准指导深圳市合力泰光电有限公司构建农民工技能形成体系，制定农民工年度培训方案，设计职业发展规划，推动农民工技能培训与职业发展相结合；拟定学历提升目标，纳入企业部门绩效考核，推动文化水平提升与绩效考核相结合；制定员工归属感提升方案，建立沟通协商机制，开展节日福利活动等，推动提升员工归属感与企业发展相结合。区总工会采取“员工点菜、工会买单、进园入企、送教上门”的服务模式展开培训，着力提高农民工的技能水平和综合素质，推动农民工成长与工会“领航计划”相结合。

深圳市大鹏新区总工会促进农民工融入城市工作试点企业深圳市合力泰光电有限公司（以下简称“合力泰”）成立于2004年，是集开发、设计、生产、销售为一体的手机部件及组装业务制造商、方案商、供应商，主要产品包括触控模组、液晶显示模组、柔性线路板、摄像头模组等，主要客户有三星、步步高、HTC、LG、TCL等全球领先电子产品制造厂商。公司近3600名员工中低学历的农民工居多，初中及以下学历的员工占88.1%。大鹏新区总工会精准指导合力泰多路径、多方面构建农民工技能形成体系，鼓励组织农民工自觉接受职业教育和技能培训，提升其技能水平和文化水平。

一、将员工培训与职业生涯相结合

大鹏新区总工会指导合力泰根据产业链的不同分别建立了适合农民工

的有制度、有保障的教育培训体系，制定适合农民工发展的年度培训计划方案，为农民工设计了基本的职业生涯发展路径，通过建立明确的任职资格体系，来规范人才培养和选拔，综合提升员工整体素质，推动员工真正参与和支持，使得农民工对企业的贡献价值保持持续增长，促进农民工适应深圳社会经济发展和产业结构调整升级需要。

大鹏新区总工会指导合力泰建立产业工人队伍建设改革联席会议制度，研究制定《操作序列员工晋升管理制度》，按照德才兼备、人岗匹配、依法依规、公平公正原则，制定晋升流程图，成立以企业人事规划部相关人员为组长，各事业群、分公司、子公司、职能中心相关人员为组员的赋能支持组和实操认证组，每半年采用以下 3 种模式进行晋升管理。

（一）“双轨双通”晋升通道模式。对应操作序列、技术序列、管理序列的不同职称和职级，制定在岗要求、技能要求、绩效要求、师带徒等晋升条件，严格按照职称比例，采用统一评估的方式进行考核，通过考核逐步晋升成为（助理）工程师或（副）科长。操作工晋升初始可以选择晋升技术序列（一星技工）或者管理序列（一星班长），后期可根据自身条件进行调整，以此打通操作序列的员工“双轨双通”晋升通道。

（二）特殊晋升模式。该模式针对特别优秀或满足特殊工作需要的员工，对于此类员工，可以适当放宽认证条件和资格，或破格提拔，但必须从严掌握，且符合下列条件之一：获得公司、区、市、省或国家特殊奖励者；在关键时刻承担急难险重任务，经受住考验、表现突出、作出重大贡献者；在条件艰苦、环境复杂、基础差的部门工作业绩突出者。此模式采用一事一议的方式进行，由事业群、分公司、子公司的人力资源部提名，经人力资源中心及纪检监察室评审合格后，提交管理会审议。

（三）通道转换模式。通道转换采用组织推荐及个人申请相结合的模式不定期进行，针对达到中层及以上的职工，在符合基本要求（职等达 O2 及以上；拟转换管理岗位缺编；达到拟转换管理岗位任职资格；通过公司组织的管理能力测试；达到拟转换专业岗位任职资格）的情况下，须在本岗位服务满1年以上，按照一定的绩效要求，根据不同的转换流程来进行转换晋升。原则上在本岗位服务满1年以上才能调岗或进行通道转换，特殊情况可走特殊晋升，原则上须逐级晋升，不允许跨级晋升。截至2022年11月，新认证一星技工30名，二星技工3名，三星技工4名，四星技工3名；F1制造部星级技工共有65名，其中一星技工占比57%，二星技工占比23%，三星技工占比9%，四星技工占比9%，五星技工占比2%。新认证一星班长14名，二星班长11名，三星班长12名，四星班长3名，五星班长1名；F1制造部星级班长共有100名，其中一星班长占比31%，二星班长占比23%，三星班长占比29%，四星班长占比11%，五星班长占比6%。

二、将提升文化水平与职工绩效相结合

针对在职人员的学历水平整体偏低的情况，大鹏新区总工会全面提高合力泰人才队伍的质量和水平，优化人才结构，努力打造一支结构合理的高素质人才队伍，同时提升员工的适岗率，让其更好地适应深圳社会经济发展和产业结构调整升级需要。大鹏新区总工会根据实际情况进行分析，拟定在岗职工学历提升目标，指导合力泰制定《关于提升在职人员学历水平的实施方案》，提高企业职工文化水平。

（一）鼓励员工提升学历。鼓励员工通过自学、函授、脱产或半脱产等方式提升学历层次（不影响工作为原则）；由人力资源部为员工引进优质的在职学历提升服务教育机构，努力为员工学历层次提升进修创造便利条件；各部门负责人“以身作则”，加强宣传引导，提高员工参加学历教育的积极性，努力提高本部门员工的素质和专业技能水平。

（二）明确员工学历水平提升指标纳入部门绩效考核。各部门负责人需根据总体目标分解的任务组织落实，确保学历提升相关工作稳步推进，比如第一年的指标是完成本部门员工的报考指标等。

（三）制定落实提升学历水平的相关政策。由公司人力资源部制定提升学历水平的相关政策，比如将学历与职称评定、评优评先、干部培养、选拔晋升、工资福利等挂钩。截至2022年6月，合力泰通过《学历提升计划方案》，提升学历65人。其中高升专49人（已毕业15人、在读34人），专升本8人（已毕业6人、在读2人）。通过学历提升，提高了农民工的文化水平和就业能力。

三、将员工归属感与企业发展相结合

合力泰人力资源部、工会及各部门主要负责人联合制定的《员工归属感提升方案》涵盖节日福利活动、沟通协商机制、兴趣爱好培训、团队协作等多项内容，落实“让员工有归属感”的员工关怀方针，协助员工规划工作目标、发展方向。公司每月就如何进一步提升员工归属感召开座谈会，确定员工工作的目标规划及后续开展方向。2022年以来，合力泰已开展“夏日炎炎，有你超甜”员工生日会和“同心合力，共创光明未来”团建等活动，增强员工归属感，使员工全身心地投入企业的生产经营建设中。

四、将农民工成长与工会“领航计划”相结合

大鹏新区总工会为进一步完善职工宣传教育和建功立业工作体系，链接深圳职业技术学院资源，打造全国首家区校共建的劳动者成长学院——大鹏新区劳动者成长学院。将合力泰农民工培训衔接到“领航计划”项目中，针对不同年龄、工种、学历程度来设置课程，采取“员工点菜、工会买单、进园入企、送教上门”的服务模式展开培训，以全方位覆盖、全过程关爱、因材施教、边培训边总结边研发的理念，为全体职工专项定制课程与成长计划方案，注重生活、技能、综合素养等全方位的提升，拓宽农民工成长渠道，大力提高农民工群体的技能水平和综合素质，推动农民工向新型产业工人转变。

实现“零群体性事件”的目标

依时货拉拉有限公司

编者按：深圳市福田区依时货拉拉有限公司围绕维护道路货运行业稳定发展大局，深入开展促进农民工融入城市试点工作，坚持党建引领，借助区总工会的桥梁纽带作用，推动形成党委领导、工会力推、各方协同、平台就业劳动者参与的工作格局，关注解决司机的诉求；着力构建线上线下相结合的诉求表达渠道，健全权益保障制度；大力开展司机职业技能、安全教育培训，组织职业技能和安全竞赛活动，加强安全文化建设，完善司机荣誉评选体系，打牢安全发展基础，助力司机职业发展。

依时货拉拉有限公司（以下简称“货拉拉公司”）以新就业形态劳动者为主，十分关注司机的诉求表达。在2021年被列入促进农民工融入城市试点企业后，公司工会高度重视，多措并举，切实维护道路货运行业稳定发展大局，实现了“零群体性事件”的目标。

一、坚持党建引领，切实加强组织保障

在深圳市委互联网企业工委的指导下，货拉拉公司工会针对问题迅速改进，参照司机工作和生活的地域，就近就便组建了20个司机流动党员党支部，挑选优秀司机党员任书记，建立党委联系支部、支部联系党员、党员联系司机的机制，把思想工作做到司机群体中，凝聚司机流动党员，并通过将司机流动党员发展为工会会员和工会信息员，继而让工会信息员充分发挥桥梁纽带作用，做好群体稳定工作。

货拉拉公司工会成立后，始终坚持党对工会的领导，通过加强货拉拉

公司与福田区总工会党支部结对共建，签署《党建共建协议书》，开展党史学习教育、关心关怀平台司机等各类活动30次，以党建、联建促进业务工作，达到1+1>2的共建效果，不断拓宽党建引领和工会业务深度融合的渠道、模式，推动形成党委领导、工会力推、各方协同、平台就业劳动者参与的工作格局。货拉拉公司工会与区委组织部等单位在梅林街道多丽工业园区合建“货拉拉司机之家”。司机之家为货车司机提供了入会、交通安全培训、心理咨询、法律援助、收集司机意见和建议等个性化、便民化的服务。

二、多方式健全农民工权益保障制度

货拉拉公司工会线上依托以党员为骨干的客服团队（每日进线1万多人次）、“书记信箱”、司机版App、“司机社区”等人员和新媒体渠道，搭建了多途径、广覆盖的线上咨询、投诉、申诉渠道，确保司机的纠纷和投诉问题能得到快速处理。线下由货拉拉工委会委员牵头，持续畅通和优化司机的诉求表达渠道。2021年共计开展了35场司机恳谈会，通过线上线下相结合的形式，参与司机人数达26万多人。每月在司机交流平台上发放问卷1万份。同时，推动高管和新入职员工深入广泛联系平台注册司机、在司机工会会员群收集反馈意见等多种方式，多维度、科学化地收集司机对平台改善的建议。2021年共收集取消订单如何有效申诉、如何解决申诉通过率低的问题等建议539条，通过沟通，实际帮助注册司机解决问题480条，解决率达89%。

发挥工会组织桥梁纽带作用，搭建“区—街道—社区—企业”四级工会与企业党委、企业行政三元劳资沟通协调机制，提高企业与平台注册司机间沟通协商的效率，针对平台产品定价机制、管理规则等涉及司机利益的重大业务调整、重大决策，促进企业管理层认真听取司机代表的意见，逐步实现企业重大决策灵活机动调整。2021年，货拉拉公司启动在华南地区用新的派单模式、在全国范围上架新版会员服务等重大决策前，均已与司机充分沟通，并在保障司机利益的前提下逐步推行，实现了企业发展与注册司机权益保障双赢的局面。

三、重视司机职业发展

通过线上线下开展司机职业技能培训，关注提升司机职业技能水平。根据司机职业的特点、司机群体的认知水平和司机的意见，制定培训方案。2021 年 5 月至 2022 年 6 月，以图文、真人视频、音频动画等多种形式还原线下场景，共推出司机线上培训课程 29 个，累计培训司机超 200 万人次。2021 年 9 月开展“新司机准入”项目试点，试点期间在东莞、成都等 15 个城市累计线下培训司机约 3 万人。2021 年 11 月至 2022 年 6 月，在 228 个城市累计线下培训司机超 15 万人。通过开展职业技能竞赛活动，引导和组织农民工自觉接受职业技术教育和技能培训。持续通过安全 App、司机课堂、微信公众号等各类形式开展司机常态化安全教育和竞赛，每月向司机至少推送 2 次安全教育内容。截至目前，共发布安全教育课程 87 篇，总学习人次近 2000 万；线下在 30 多座城市完成安全宣传引导，在 200 多座城市完成安全文化培训。

在职业培训方面，针对新就业形态司机群体的特点，开发有针对性的课程。在司机版 App 上专门开设了司机课堂，有针对性地进行软件使用、接单技巧等技能培训，推出了平台服务规则解读、账号安全维护、资料审核、违规教育等培训课程。截至目前，货拉拉工会开展各项职业化培训 200 场次，已联合上级工会开展两届货车司机职业技能竞赛，吸引了 300 余人次参赛，为平台司机搭建了展示技能、交流技术、切磋技艺的舞台。

通过完善司机荣誉评选体系，举办“魅力司机”“明星司机”“正能量司机”“金牌小哥”等一系列荣誉评选活动，培育挖掘司机群体中的先进典型。例如，货拉拉平台每年举办一次“魅力司机”评选活动，为平台司机打造一个展示自身才华与正能量的舞台。活动受到了广大司机和社会公众的关注和好评，报名参与活动的司机从 2020 年的 2.4 万人，发展到 2021 年的 3.6 万人；参与投票的人数从 2019 年的 25 万人次，发展到 2021 年的 52 万人次。

促进农民工融入城市
着力将农民工培养成新市民

TCL 华星光电技术有限公司

编者按： 广东省深圳市光明区 TCL 华星光电技术有限公司紧紧抓住促进农民工融入城市试点契机，积极探索农民工培养和发展路径，推动解决农民工急难愁盼问题，切实维护农民工权益，帮助农民工安居乐业，着力将农民工培养成新市民，引领农民工把人生理想、家庭幸福融入企业发展、城市建设中。

TCL 华星光电技术有限公司（以下简称“TCL 华星”）成立于 2009 年，是一家专注于半导体显示领域的创新型科技企业。作为全球半导体显示领域的龙头企业之一，TCL 华星以深圳、武汉、惠州、苏州、广州、印度为基地，拥有 9 条面板生产线、5 大模组基地，投资金额超 2600 亿元。目前，TCL 华星在深圳的员工数约 1 万人，其中半数为进城务工的新市民。公司紧紧抓住促进农民工融入城市试点契机，着重在素质提升、权益维护等方面进行探索，不断增强新市民的职业获得感和生活幸福感。

一、畅通职位晋升渠道，让新市民“留得住”

TCL 华星一线员工的平均年龄约 22 岁，其职业发展动力强、成长空间大。TCL 华星建立了专业的任职资格管理和晋升体系，制定《ECP 管理制度》，明确任职资格标准，设计管理、专业“双通道”职业发展路径。在此基础上，TCL 华星每年面向一线员工开辟岗位晋升“绿色通道”，采取“训战结合”的培养方式，以 5 个月为培养周期，在提高企业管理干部人才储备率的同时，满足基层员工的晋升需求和企业对管理人才的需求。此外，积极推进股权激励计划，将股权激励计划实施条件与挑战性的业绩目标绑定，给核心岗位员工、关键人才、高绩效员工分配股票，持续激励职工。截至目前，已有近1000名一线员工成功晋级工程师以上岗位，有力提升了员工的职业认同感和荣誉感，为企业的长远发展留住了高技能人才。

二、搭建素质提升平台，让新市民“学得精”

成立专业化企业人才培养平台“华星学院”，以加速培养领先人才为导向，针对新入职员工、一线员工及专业技术人员等各级人才分别搭体系、建机制，形成“星起点”新入职员工培训、“战狼”复合型人才培养、通用人才日韩语初级基础入门、“雏鹰工程”等12套课程体系，通过在线学习平台、线下专题培训班的方式，满足员工自我提升的要求。2021年，员工参与培训的总时长为9.7万小时，惠及员工82.8万人次，学员述职认证通过率超90%。连续4年举办“TCL华星Pump更换项目职业技能大赛”，2021年的比赛项目涵盖12个部门，共吸引约500名员工参加，在企业内部形成钻研技术、崇尚工匠的良好文化氛围。开展“星”青年集合活动，每年组织有需求的职工参观中国国际高新技术成果交易会等科技类展会。为了满足TCL华星员工的观展需求，工会每年都会组织科研部门的工程师前往观展学习。

三、建章立制保障工资，让新市民“过得好”

建立一线员工年度调薪制度，每年根据员工的绩效评比等级、现场实际表现来进行评估、调薪，分为S级、A级、B级。建立固定薪酬竞争力保障机制，通过每年开展市场薪酬调研，结合公司的经营业绩、CPI增幅、人效提升水平进行薪酬维护，确保薪酬定位保持在市场中位值及以上。建立奖金分配机制，强化过程激励，设置高额奖金的“专利奖、项目奖、季度之星、革新奖”，鼓励员工参与改善、变革、创新，激发组织活力。自2010年以来，集团人均薪酬增速达15%以上。2021年，公司的业绩营收增长45%，利润增长94%，人均收入增长20%，绩优员工收入增长超过30%。以制造厂入职时为初级技术员岗位的某位员工为例，经过10轮的岗位晋升和涨薪，目前其为资深工程师，工资水平已超过1.5万元/月，超过深圳平均工资水平。

四、完善配套福利待遇，让新市民“稳得住”

为解决新市民最急需的居住要求，TCL华星建设自有员工宿舍星悦居、星惠居、星泽居三大宿舍区，提供宿舍3025间；积极争取政府公租房资源，目前已基本满足一线员工住宿需求。同时，在宿舍区不定期举办丰富多彩的文体、安全宣传及便民活动，如节日专题活动、“星”二代趣味比赛、“便民进星居”活动、消防演习、反诈骗活动等，为新市民营造安全舒适的“星家”生活。此外，TCL华星工会建设总面积5270.92平方米的职工之家，搭建工会宣传生态矩阵，为员工提供健身房、羽毛球场、足球场、图书馆、电影院等文体设施，建立羽毛球、冰雪运动、AI脑力等17个兴趣协会，每月定期开展形式多样的职工文体活动，为员工提供反映诉求、法律咨询、心理咨询等服务，丰富员工业余文化生活，同时按每人每年600元的标准来保障员工活动经费，全年累计服务员工约52974人次，增强了员工的归属感。

积极搭建员工和企业的良性沟通平台

深圳市建滔科技有限公司

编者按：深圳市建滔科技有限公司建立健全企业农民工权益保障机制，完善企业农民工维权体系，与企业工会互信合作，聚焦企业农民工管理、农民工融入城市、农民工市民化的过程中存在的矛盾和困难，培养农民工的协商意识，引导其参与企业民主管理，并从源头上化解劳资矛盾，维护其知情权和参与权，搭建劳资良性沟通平台，构建企业与职工共建、共治、共享格局，以此充分调动农民工的劳动热情和创造潜能，增强农民工的获得感、幸福感、安全感。

深圳市建滔科技有限公司（以下简称“建滔科技”）成立于2004年，主营智能控制器的软件开发、硬件设计、规模生产和销售，其产品主要应用于家用电器、智能工业自动化控制、汽车电子、医疗器械等领域，是一家典型的高新制造业企业。企业有在职职工948人，其中一线职工和技术工人823人，农民工约750人，占全体职工的79%。建滔科技针对农民工融入城市较难、技能结构比较单一、综合素质较低、离职率高、劳资冲突多发等问题，在深圳市龙岗区总工会的指导下，多举措探索健全农民工权益保障机制，从满足农民工多样化、个性化需求入手，找准切入点和落脚点，从源头上形成保障农民工合法权益的制度性安排，最大限度维护好农民工的合法权益，有效化解劳资矛盾冲突，助力企业和职工和谐共赢。

一、多形式保障农民工的知情权

建滔科技以营造“幸福家文化”为重心，关心关爱每一位农民工，进一步解决农民工市民化过程中的信息不对称问题，采取线上线下多种形式来保障农民工的知情权。通过线下印发《职工手册》、微信公众号平台上公示《职工手册》、在职工就餐处安置巨幅灯箱来宣传等形式，公开、公示职工各项福利、薪酬待遇、企业管理及员工管理等内容，切实保障农民工的知情权。

定制开发云上“职工之家”，线上链接企业“知识库”，建立企业管理与职工管理公开机制，对所有农民工完全公开所有的管理制度、福利政策、企业发布的且农民工应知晓的通知、公告等，对农民工本人完全公开其薪酬、职称、福利、考勤等信息。同时，所有农民工都能够通过云上“职工之家”的功能对企业管理存在的不足之处提出意见和建议，打通了信息沟通的“最后一公里”，确保了农民工的知情权，提高了农民工对企业信任程度，使得他们更好地融入企业、融入城市。

二、鼓励农民工参与企业管理，构建劳资良性沟通平台

建滔科技联合企业工会引导、鼓励农民工参与企业管理、学习企业自主编印的《工会维护职工权益手册》，从工会基本职责、职工维权主要内容、职工维权有效机制等方面提升农民工参与企业管理、参与劳资协商的能力和水平。企业工会通过走访车间、走访职工宿舍、建立云上“职工之家”等多种方式收集职工的诉求和意见，形成需要沟通协商的议题以及改善企业管理、职工管理的相关提案，提交企业工会与企业行政方联席会议，并邀请职工代表、农民工代表参与其中，做到事前有收集、事中有解决，事后有跟踪和反馈，进一步提升农民工参与企业民主管理的积极性，确保了农民工的参与权。2021 年 10 月至 2022 年 6 月，总计受理各种咨询共 1665 人次，受理投诉共 38 件，投诉结案平均时长为 1.6 天，解决率 100%。

企业工会与企业共同设置改善基金，通过提交“问题票”“提案卡”“提案改善计划书”等形式，征集职工的合理化建议和改善提案，为企业管理

和发展提出合理化建议，帮助企业发展。自创立改善基金至 2022 年 6 月，职工和农民工共提交提案 357 件，已经完成验收 189 件，企业共发放改善奖励金约 24.68 万元。同时，企业工会通过改善基金的设立，让企业倍感危机，促使其将生产或工作中的有关问题及时解决，切实保障农民工的劳动经济权益，将农民工的个人发展与公司发展有机结合起来，打造劳资良性沟通平台，全面提升农民工和企业的市场竞争力。

三、提前介入，及时消除劳动关系隐患

为解决基层工会服务维权网络不完善、维权远离对象、服务远离末端的问题，建滔科技积极创新服务农民工工作，强化劳资矛盾源头参与，完善劳动关系发展态势监测和分析研判机制，及时消除劳动关系隐患。充分发挥企业工会维护职工合法权益的作用，设立工会督导部，承担起监督企业和指导农民工的职能，对于企业落实农民工的承诺以及解决投诉等问题，第一时间介入并给予支持和积极干预，实现“矛盾不上交、平安不出事、服务不缺位”的目标。

企业工会与企业行政方创新管理模式，利用 MES（制造执行系统）搭建农民工大数据分析 AI 系统，对比农民工异常状态（异常状态包括：超过管理标准的迟到、早退、旷工等异常考勤行为，重复发生品质不良行为，重复发生任务延迟不达标行为，连续 KPI 不达标等），建立多种异常行为分析模型，共同介入，进行帮扶访谈，协助农民工分析原因，共同商议改善对策，及时消除劳动关系隐患。自 2021 年至 2022 年 6 月，通过对数据的分析发现，每月聚焦的异常人次数量呈现明显下降趋势，从 2021 年 1 月的 26 人次已经下降为 2022 年 3 月的 4 人次。企业工会与企业行政方借助科技力量，实现了“前置管控”。

四、设置“诚信基金”，夯实农民工的权益基础

建滔科技以诚信管理为出发点，坚定地把“员工幸福”作为企业的管理原则和理念，人性化地管理农民工，夯实农民工的权益基础。为解决农民工管理过程中“处罚员工”“以罚代管”等难题，企业与企业工会积极探索人性化管理措施，设立“诚信基金”，改善“以罚代管”“部门错误职工背锅”等不良现象，共同梳理了企业管理制度中所有的员工处罚条款，鼓励员工恪守诚信准则，由原来的“做错事要被处罚”“部门业绩上不去要来背锅”转变成“不做错事就有额外奖励”“部门创造业绩全员分红”的新模式，确保犯错的农民工工资不受影响，更好地保障农民工的权益，减少劳资矛盾，将“诚信”理念植入农民工心里，使得他们树立正确的价值观。2021 年 10 月以来，建滔科技对农民工实现了零处罚，由工会审核发放的诚信基金累计达 587 万元，并呈现每月上涨趋势。

五、打造“建滔工会学堂”，实现农民工的发展权

建滔科技以“培育人才、服务社会”的培育理念，积极打造帮助农民工提升技能水平、开阔视野、拓展知识、陶冶情操的“建滔工会学堂”，为实现农民工市民化注入动力。“建滔工会学堂”通过“成长顾问”“绩效伙伴”“晋升平台”“变革推手”四大模块，在通用技能、管理技能、公司知识、产品知识、专业技能方面开发实用性课程，免费为农民工提供系统性的培训并进行认证，给农民工发放工会职称认证津贴，打造农民工成长和晋升的平台，提高农民工的待遇水平、技能水平和综合素质，从根本上消解农民工作为被雇佣者的种种担忧和顾虑，使农民工乐于与企业共发展，实现农民工的发展权，加快农民工融入城市的步伐。

探索实施“工会建设 + 岛屿服务”工作模式 增强农民工的获得感、幸福感、安全感

广东省深圳市南山区内伶仃岛社区工联会

编者按：广东省深圳市南山区总工会牵头成立农民工融入城市试点工作领导小组，组织专业机构、党政机关、高校等专家和学者，协调市、区两级相关的 14 个职能部门开展专题调研，全面把握辖区内农民工的数量、分布现状及面临的问题和需求，以边调研、边行动、边解决的方式，在内伶仃岛社区工联会探索实施“工会建设 + 岛屿服务”工作模式，在思想引领、文化建设、阵地打造、素质提升等方面践行四个“好”举措，切实增强岛上农民工的获得感、幸福感、安全感。

广东省深圳市南山区内伶仃岛社区位于深圳市南山区蛇口街道，辖区面积 6.49 平方千米，涵盖大铲岛、孖洲岛、内伶仃岛 3 个岛屿，主要企业有招商局友联船厂（蛇口）有限公司、招商局重工（深圳）有限公司以及 70 家分包商，现有职工 6412 人、工会会员 6039 人、农民工人 5309 人，大部分为男性青壮年职工，是典型的农民工聚集区域。南山区内伶仃岛社区工联会是南山区唯一一个在修造船基地建立的岛屿工联会，其属地位置特殊、环境形势重要，还受气候、环境、登岛交通等多方面自然因素的影响。因此，南山区总工会把推动岛上农民工队伍的思想政治建设走深走实作为重点来抓紧抓实。

一、强化思想政治引领，为农民工“把好舵”

（一）建立健全组织。依托在全市率先开展的精品社区（园区）工联会

创建工作，把内伶仃岛社区工联会打造成为精品社区工联会，以独立建会、联合建会、工联会覆盖等多种形式，狠抓百人以上企业建会、新就业形态劳动者入会等重点工作，实现了工会组织建设三个 100% 标准，即百人以上企业建会率 100%、25~99 人企业建会率 100%、工联会会员覆盖 100%，最大限度地把农民工组织到工会组织中来。

（二）深化党工共建。依托全市首家区级劳模工匠协会和劳模工匠宣讲团，推出 9 条“行・在南山”红色现场教学路线，由劳模工匠以“上岛、进厂、上船”的形式开展党的政策方针宣讲、党史学习教育等，以农民工听得懂、愿意听的方式让党的政策方针深入人心。同时注重推荐积极分子向党组织靠拢，把岛上农民工中的技术能手、优秀工人，特别是工会积极分子吸收到党组织中来，推荐一批工会积极分子为入党积极分子，拓宽农民工向党组织靠拢的渠道。

（三）创新宣教模式。充分利用“南山工会”微信公众号、“南山工会欢乐跑团”抖音号等新媒体宣教渠道，以喜闻乐见的形式吸引农民工主动融入产业发展和新冠肺炎疫情防控大局。2022 年 4 月，全市首创的南山区劳模工匠云集市在“南山工会”微信公众号上线，岛上农民工只需要在手机上轻轻点击，即可了解和享受由研祥、顺丰、雅昌等劳模工匠所在企业提供的教育培训、健康体检、参观交流、培训讲座、实习就业等免费服务项目 20 余项，实现全天候、多方位、零距离宣教。

二、升级职工服务品牌，为农民工“加好油”

（一）延伸“南山工会”四大品牌活动效应。推行“工会大讲堂”，以职工“点菜”、工会送课的形式，把移动学堂、工匠研习社、工会大智荟等多个系列课程送上岛，囊括团队目标管理、企业文化建设、个人职业成长、和谐劳动关系等多个板块，惠及近 1000 人次。推行“工会大书苑”，结合岛上农民工文化水平有限，工作时间灵活化、碎片化等特征，开展“E 路领读”系列线上读书分享、领读人训练营、“行趣悦读”草地读书会、线上图书漂流等活动，用多种形式来丰富农民工的精神生活。推行“工会大操场”，以“弘扬工匠精神　筑就精彩人生”为主题举办趣味运动会，发动岛上农民工加入工会欢乐跑团，通过“例跑 + 主题跑”等多样化形式丰富文体活动。推行“工会大舞台”，举办农民工、新就业形态劳动者专场音乐会，针对农民工群体创作特色小品《当外卖来敲门》等，在以主旋律、正能量陶冶农民工情操的同时，在潜移默化中强化普法宣传和安全生产教育。

（二）培育岛上特色品牌活动。结合岛上农民工的兴趣和需要，联合岛上企业工会，设立了舞蹈、篮球、羽毛球、乒乓球等 15 个活动小组，先后开展“孖洲杯”摄影大赛，“孖洲岛杯”羽毛球赛、乒乓球赛，环岛健步行等体育健身活动，带动 6000 余人次参与。结合春节、三八妇女节、端午节、中秋节等开展“迎元旦・贺新春”系列绘画展览暨新春游园活动、“为爱发声”女职工朗读活动、“在浪漫的海岛遇见你”青年职工联谊活动、“音唯有你，唱响孖洲”歌手大赛以及文艺汇演等，惠及 1.2 万余人次。

（三）盘活多方服务资源。主动把南山区青工文化节、五一国际劳动节及国庆节等系列活动送上岛，在春送岗位、夏送清凉、金秋助学、冬送温暖、全年送健康、元旦春节慰问等工会品牌帮扶项目上，向岛上农民工倾斜。为解决孖洲岛农民工的返岗复工难题，联合市、区、街道、企业等多方资源，组织免费返深大巴 10 余趟，帮助友联船厂快速复工复产，挽回潜在订单损失约 3.34 亿元。2022 年 4 月，广泛发动岛上农民工参加区总工会“战疫光影”职工摄影大赛，积极记录防疫抗疫、严防偷渡、复工复产等动人瞬间，在孖洲岛上举办颁奖活动和摄影展览的同时，为岛上农民工提供法律咨询、农民工入会、趣味游园、免费理发、手机贴膜、健康理疗、自行车修理等服务，惠及 4000 多人次。

三、构建多元服务阵地，为农民工“搭好台”

（一）筹建全省首家岛屿党群服务中心。以“把党群服务中心搬上岛”为工作思路，目前正在孖洲岛上筹建占地面积 815 平方米的广东省首家岛屿党群服务中心，按照“三小一大”的空间布局，设置图书阅览区、主场展示区、自助服务区和综合服务台，另分区设立乒乓球活动室、台球活动室、多功能会议厅和心理咨询室，为岛上农民工提供党群服务、综合业务办理、学习培训、休闲娱乐、社交联谊、文化活动等服务。

（二）打造多个职工服务站点。始终以建设“归家式”特色岛屿工联会为出发点和落脚点，在孖洲岛上打造集职工影音会议厅、职工培训室等功能为一体的职工服务站，为农民工开展文体活动提供场地支持。同时，打造工会驿站、爱心驿站等服务站点，为岛上农民工提供饮水、就餐、小憩、如厕、上网、简单医疗等小微服务，累计服务近 1 万人次。

（三）打造矛盾调处新机制。其一将“和谐企业工作室”搬上岛，在岛上长期派驻专业社会矛盾纠纷调处社工人员和专业律师，在岛内开展纠纷化解、法律咨询、法制宣传等常态化工作，累计帮助岛内企业、职工解决服务事项 1000 余件。其二依托 2022 年 5 月成立的深圳市首个“工会 + 法院 + 人资”三方劳动争议联合调解工作室，发挥“1+1+1>3”的协同效应，建立“源头预防—基层排查—仲裁前调解—诉讼前调解”的全链条处理模式，使劳动争议案通过仲裁前和诉讼前调解方式快速化解，切实维护岛上农民工队伍的和谐稳定。

四、畅通建功立业体系，为农民工“鼓好劲”

（一）开展多层次评优推先。市、区总工会主动在全国、省、市“五一劳动奖”推选及南山区“十大优秀青工”“十大创新工匠”评选中，挖掘岛上敢于创新、有突出贡献的一线农民工。在深圳市总工会的指导下，孖洲岛上“王杨志示范性劳模和工匠人才创新工作室”获评2021年市级示范性劳模和工匠人才创新工作室，工作室成员先后获评“深圳市劳动模范”“深圳市五一劳动奖章”“深圳市首届优秀工程师”等荣誉；在2021年南山区“十大创新工匠”评选中，孖洲岛基地技术中心孙瑞成功获评“十大创新工匠”，并被纳入南山区人才管理服务体系。

（二）开展多形式技能提升活动。以岛上农民工教育需求为导向，采取“集中办班，规范培训”与“择闲避忙，分批培训”相结合，联合岛上企业工会分级分类开展实操技能、管理提升、紧急救助、生活艺术等特色课程10余种，深度贴合一线农民工的素质提升需求。同时，结合新冠肺炎疫情常态化防控背景，发动岛上农民工、女职工通过“南山工会”微信公众号参加短视频创作视频课、书法云课堂、“巾帼萃”女职工幸福能力直播课等，既减少人员聚集，又扩大培训覆盖面，深受好评。

（三）开展多工种技能竞赛。聚焦“紧贴急需工种、紧贴生产实际、紧贴企业发展”原则，联合蛇口街道总工会连续举办四届孖洲岛职工技能竞赛，围绕大型船舶和海工装备建造及修理改装，开展叉车工、起重工、行车工、铆焊工等11个竞赛项目，带动近3000人次参与，目前正在紧锣密鼓筹办2022年孖洲岛职工技能竞赛，将带动岛上农民工显身手、长知识、增技能，有效推动南山区农民工教育服务普惠化、精准化、常态化发展。指导岛上企业工会推行“小智慧，大效益”职工合理化建议创新活动，充分发挥农民工智慧，为企业质效提升贡献力量。除此以外，积极发动岛上农民工参加各级劳动和技能竞赛。在2021年深圳市第十一届职工技术创新运动会暨深圳技能大赛——焊接职业技能竞赛中，组织7名高级焊工参赛并取得综合分第一的优异成绩，参赛选手还获评“深圳市技术能手”荣誉称号，极大地鼓舞了岛上农民工干事创业的热情和信心。

找准小切口　撬动大场景
杭州未来科技城打造“数字产改”新样板

浙江杭州未来科技城产业工人队伍建设改革工作协调小组

编者按：浙江杭州未来科技城探索打造“数字产改”新样板。综合运用 AI、XR、5G 等前沿技术，建设杭州市数字经济党群服务中心，发展数字群团联盟、数字工建红盟，形成纵横交叉的党组织互联共建网络，增强党员教育的体验性、时代感和吸引力。借助“西湖先锋”App、“智慧党建大屏”，实现会员发展、职工管理、职工教育等管理工作电子化、数字化、透明化，推进企业人才资智对接、入驻服务、政策兑现。实施“双百尖兵”计划（百名数字经济产业业务尖兵、百名数字经济党务尖兵），举办数字科技领域高峰论坛，开展数字类职工技能竞赛，完善人才引育留用机制和公共服务配套，不断创新“高精尖”人才培育模式。

浙江杭州未来科技城（浙江海外高层次人才创新园）于 2011 年挂牌成立，管理区面积 128.3 平方千米，重点建设区面积 49.5 平方千米，共有数字经济企业 5379 家，其中上市企业 3 家、新三板企业 17 家、国家级高新技术企业 241 家、市级高新技术企业 330 家、省级研发中心和技术中心 51 家、省级企业研究院 19 家、省级重点企业研究院 8 家；引进培育海外高层次人才 3206 名，其中数字经济领域人才 2084 名。杭州未来科技城紧扣“数字化”，围绕“一端一屏”“四朵云”“一个大脑”等小切口，让“屏对屏”代替“面对面”、“线连线”代替“手牵手”，实现职工“少跑路”、数据“多跑路”、政策“送上门”，积极探索数字化园区升级路径，打造“数字产改”大场景。

一、“新机制”构筑工作堡垒，擦亮“初心红”底色

（一）提升组织力。加大数字经济领域“两新组织”覆盖，以楼宇、行业单建、联建的方式成立党组织47个，辐射“两新组织”300余家。以未来科技城（海创园）党群服务中心为依托，建设杭州市数字经济党群服务中心，打造数字经济党建的策源中心、孵化中心、服务中心、协同中心和传播中心，全景式展现杭州市数字经济党建工作成果。以党政主导、分管主抓、部门主责的三级分工制明确改革职责，以协调小组会议、产业工人队伍建设改革工作专班会议、专题培训会推动工作落实，通过15家试点单位以点带面推动产业工人队伍建设改革工作。加大组织覆盖，以楼宇、行业单建、联建等方式成立工会组织98家，辐射企业112家。为浙大超重力离心模拟项目、阿里全球总部项目以及富力商业综合体项目等10个省、市重点工程项目组建工会，吸收500多名产业工人入会。组建菜鸟集团工会联合会，覆盖基层工会10家，涵盖企业102家，共有会员12299人。

（二）强化凝聚力。以区域产业单元的数字党建、数字工建为抓手，打破“条块分割”的园区工会组织架构，聚合各产业园区群团组织，形成联席会议制度，做党委政府的好帮手、园区的好助手、企业的好推手。不断发展数字群团联盟、数字工建红盟，在点上重点提升企业群团组织规范建设，在线上重点抓产业链各群团组织联动，在面上重点抓所有园区的工建水平提升，打造数字经济产业园区工建融合发展格局。

（三）打造“云阵地”。依托梦想小镇数字经济产业优势，综合运用AI、XR、5G等前沿技术，通过混合显示、交互识别、体感认知等多维叠加，增强党员教育的体验性、时代感和吸引力。推出“小智代言”“我的长征”“扫图看片”“心中有党”“你点我播”等特色交互体验平台。开发AI党教机器人，设置智能交互功能，使其担任参观引导、政策讲解、红色宣传、电影放映、党性测试、合影服务“六大员”。推出“寻找城市红色印

记”智慧地图，实现AR热点交互体验，推动数字经济与党建服务“亲密接触”，让党建工作体现时代性，更符合数字经济领域职工的需求。

（四）探索管理新模式。通过数字经济分管领导干部分片包干联系制度，理顺党建管理体制，筑牢工作根基。通过分层次、分类别、分行业的形式，在相关行业、园区、孵化中心建立党群组织，健全了职责明晰的组织体系，并形成了纵横交叉的党组织互联共建网络，让园区数字经济企业和党员管理无死角、无盲点。通过开展“五个一”工程（每月开展一次红色经典诵读活动、每周观看一部红色专题片、每月组织一次圆桌会、每周进行一次义务劳动、每周学习一次国学文化）和党建带群建七大品牌活动，促进了工、青、妇、科等群团组织的资源共享、阵地联建，创新了组织生活方式，丰富了组织活动载体，形成了“并蒂莲花别样红”的大好局面，充分激发了数字经济企业党员参与党建工作的热情，增强了党建工作的实效性。已新建数字经济党组织15家，在职在册党员850余名，流动党员超2000名。

二、“低延时”破除发展障碍，提升“店小二”响应速度

（一）畅联“一端一屏”。针对数字经济从业人员信息化素质高、网络感知度强的特点，借助“西湖先锋”App实现党群工作数字化升级，将会员发展、职工管理、职工教育等数十个线下全流程节点向线上转移，实现管理工作电子化、数字化、透明化。利用未来科技城“智慧党建大屏”，实现会员信息数据及时更新、动态调取，以此全面掌握园区职工的情况。利用大数据，分析研判园区职工的个性化特征，形成职工个人画像，让群团管理“挂图作战”一览无余。

（二）活用“一个大脑”。在“面对面、一对一”式的传统服务基础上，将21个涉及企业和职工的服务项目“搬到线上”，通过开发“O2O”云服务平台，大幅提升服务效能和用户体验。依托“CAIT党员人才大数据”，

收集园区会员的年龄、性别、学历、地域等情况，实现实时数据分析的“云管理”。根据不同领域的楼幢，建立微信群及“云上会员活动室”，开展云学习、云交流，推行“指尖党课”。基于大数据推进企业人才资智对接、入驻服务、政策兑现，多形式、多载体、多途径地加强创业指导。

（三）力推“一个后台”。以数智群团场景功能建设为抓手，构建在线医疗、网络直播、芯片研发等数字企业互助帮办团 15 个，实现相关行业党建互联、资源共享、信息互通。建设多维度市场主体服务平台，将 1.4 万余家企业的信息上云平台，盘活园区企业数据资源，探索运用大数据实现消息精准推送、数据分析应用、企业服务事项在线申报、金融服务超市等多元化功能与服务。2021 年通过运行后台主动发现并协调解决诉求达 1400 条，最大限度地帮助企业快速获得发展资源。

（四）开创“一个新格局”。杭州未来科技城以党建为核心统领、以“最多跑一次”改革为契机、以“店小二”式服务为宗旨，聚力体制机制、服务模式创新，营造优质的服务环境。统筹区域内资源、技术、资本等生产要素及法务、财务、人力等服务机构，为园区企业提供“菜单式”服务，实现企业“不出门”、服务“送上门”；通过深入贯彻“互联网 +”政务服务，用企业数据大脑辅助政府进行科学决策，提升政企精准沟通效率，让政府手中握有“晴雨表”，让企业放心跑出“加速度”。截至目前，园区 44 家数字企业实现总营收 258.4 亿元、税收 2.9 亿元。

三、“组合拳”打出新天地，创新“高精尖”人才培育模式

（一）实行“双百尖兵”计划，壮大数字经济生力军。有效聚合全区数字经济领域党建标杆人物和创新创业人才资源，组建“高含金量”的数字经济“双孵双创”导师团队，以培育百名数字经济产业业务尖兵和培育百名数字经济党务尖兵为目标，以“余您数说未来大讲堂”“数字经济党务人才大比拼”“网络技能攻防竞赛”等品牌活动为载体，面向数字经济企业开

展党群孵化指导、项目智库对接、创新创业辅导等，为数字经济发展打造一支党性强、作风硬、业务精的后备军。

（二）瞄准“浪潮之巅”前沿，培育数字经济生态林。坚持“科技创新驱动未来发展”的理念，瞄准物联网、云计算、人工智能等全球数字科技前沿，邀请全球顶尖院校和研究所的专家学者分享最新科技理论成果，举办“未来已来”全球人工智能高峰论坛、5G 物联网应用创新高峰论坛、新一代人工智能高端峰会等活动，汇聚国家级智库为杭州未来科技城发展出谋划策。

（三）发展数字竞技新平台，做强数字技能竞赛。连续 4 年举办网络攻防大赛，成功协办长三角 G60 科创走廊城市暨浙江省职工网络安全攻防技能大赛，着力培养数字创新人才；连续举办 3 届软件系统测试大赛，在比赛层次与权威性上实现质的飞越；举办数字经济创享节、平面设计大赛、“晟元数据”杯芯数据设计大赛等。通过开展各项数字类职工技能竞赛，为培养“数字工匠”营造良好氛围。几年来，共有 1 人获评“全国五一劳动奖章”，3 人获评“浙江省劳动模范”，4 人获评“杭州市五一劳动奖章”，5 人获评“杭州市劳动模范”，22 人获评“余杭区劳动模范”，21 人获评区级工匠。

（四）创新人才引育机制，形成企业、人才“满意”叠加效应。通过完善的人才引育留用机制和公共配套服务，让人才引得进、留得下、用得好，形成企业“加速”、发展“提质”、人才“满意”的叠加效应。推出人才公寓 1695 套，满足广大人才居住与通勤需求。关注适婚人群的婚育问题，与省、市、区相关单位联合举办青年联谊交友活动，已组织的 2 场活动分别促成牵手 12 对、17 对。为解决双职工家庭的后顾之忧，在恒生科技园内建立嵌入式幼托机构。截至目前，杭州未来科技城新增两院院士 1 人、国家“万人计划”人才 1 人、国家级海外高层次人才 6 人、省级高层次人才 17 人、浙江省领军型创新创业团队 4 支、市“521”人才 19 人、海外高层次人才 205 人、大学生 6000 余名。

坚持“促就业、强产业”导向
精准培育产业工人队伍

浙江省湖州市吴兴区产业工人队伍建设改革工作协调小组

编者按：浙江省湖州市吴兴区以“促就业、强产业”为导向，深入实施新时代工匠培育工程和“金蓝领”职业技能提升行动。通过“待业群众普训、困难群众特训、青年职工集训”精准培训人才，促进社会就业；分层选育人才，形成“一条产业链配套一个人才链，一个大企业建立一个培育标准，一个乡村打造一个人才品牌”的发展格局；建立差异化激励机制，通过打造“百千万工程”“校企合作工程”“紧缺引育工程”，从长远激励人才、留住人才。

近年来，浙江省湖州市吴兴区深入实施新时代工匠培育工程和“金蓝领”职业技能提升行动，以“促就业、强产业”为导向，健全产业工人培养、评价、激励制度，全力解决亟须就业群体的就业问题和企业技能人才短缺难题，努力打造现代产业高技能产业工人队伍，累计培训技能人才 4 万人，新增高技能人才近 1 万人，培养高技能领军人才 254 人，发放技能补贴近 5000 万元。

一、精准培训人才，促进社会就业

围绕待业群众、困难群众、青年职工三类亟须就业群体，分类、分目标开展培训，实现让待业群众多一技傍身，让困难群众有一技谋生，让学生凭一技上岗。

（一）待业群众普训，让人人多一技。围绕《国家职业资格目录（2021

年版）》，面向企业职工开展普适性职业技能培训，同时根据各镇、各街道工会掌握的失业群众名单，推出“匠新吴兴”微课堂视频技能宣讲 40 场，向待业群众精准推送相关培训课程，有效增强培训的针对性。2021 年，待业群众受训人数达 1934 人，持证率达到 81%，627 人实现再就业。

（二）困难群众特训，让人人谋一技。针对困难职工、贫困劳动力等特殊群众，建立特殊群众技能培训目录，将易学习、易上手、易就业的家政服务、果蔬种植、电子商务、缝纫技能等纳入培训内容，有针对性地开展职业技能培训，助力低收入群体从“苦力型”普工转变成“技术型”能手，努力让特殊群众有一技谋生。2021 年，参加特殊群众专项培训者 474 名，合格率达 95%。

（三）青年职工集训，让人人长一技。支持高职院校、成人文化技术学校开展“高学历 + 高技能”行动，鼓励辖区企业与高校开展校企合作，把课堂搬进车间里，开展订单班定向培养，提高学生毕业入职的岗位适应性，缩短或取消试用期。2021 年，全区有 12 家企业在市内外开展合作培养项目 27 期。

二、分层选育人才，打造人才队伍

围绕四大主导产业、龙头企业和地方特色产业开展分层级培育，形成“一条产业链配套一个人才链，一个大企业建立一个培育标准，一个乡村打造一个人才品牌”的发展格局。

（一）主导产业订单培育，打造一链一队伍。围绕智能装备、新型材料、现代服装等四大主导产业，全面筛选产业链上所有规模以上企业，建立“双导师制”（企业师带徒、学校导师）培养模式，形成以“培育一个完整行业技能人才”为目标的培养方式，确保每个行业每一个环节都能配齐技能人才。截至目前，童装、美妆、装备等 5 个行业均已建立完整产业链人才队伍，累计培育技能人才 11373 名。

（二）龙头企业自主培育，打造一企一标准。以院校、行业协会、企业劳动竞赛实训基地等为平台，积极发展壮大吴兴区产业工人技能培训联盟，推动全区龙头企业建立产业工人职业技能等级认定体系。截至目前，共有45家企业开展了自主认定，8644名产业工人“获证”上岗。

（三）乡村产业特色培育，打造一乡一品牌。围绕乡村产业传承发展目标，全面排摸村、镇的特色产业、非遗技艺等，积极推进“一乡一品”品牌培训，引领更多老百姓投入乡村产业和文化传承中去。妙西镇茶艺技能大赛、织里镇童装制版制作技能大赛分别获评全省百场最受好评的特色职工职业技能竞赛。

三、出台人才新政，营造留人氛围

针对高技能人才、导师、骨干团队，建立差异化激励机制，让真正有技术的人才都能优绩优酬，有利于从长远激励人才、留住人才。

（一）打造“百千万工程”，让人才主动留。围绕产业工人的全生命周期发展，建立健全终身职业培训制度，开展“万名吴兴技工”培养活动及“千名吴兴技师”“百名吴兴能手暨吴兴区优秀技能人才”南太湖特支计划，给予其差异化的购房、资金补贴。设置全国首个区县“吴兴工匠日”，出台《“吴兴工匠”关爱激励政策暂行办法》，推出荣誉津贴补助、医疗补助、健康体检等4条“硬核”举措，让真正精益求精、爱岗敬业的工匠劳模成为新时代吴兴产业工人的偶像。2021年，共选树吴兴技师24人、吴兴能手暨吴兴区优秀技能人才17人、吴兴工匠16人，入选南太湖特支计划青年拔尖人才1人，享受国务院政府特殊津贴者1人。

（二）打造“校企合作工程”，让企业主动育。推行校企合作培养技术工人模式，组织企业到职业院校开设“吴兴班”，通过政、校、企三方合作方式吸引技能人才来吴兴实习就业。与湖州工程技师学院合作，建立国家级公共实训基地，已建立“大学生创业示范基地”1家。鼓励企业吸引职业技能类院校学生，如果企业在同一职业技能类院校引进 5 人以上来吴兴实习就业，可获得 500 元 / 人的企业补助。依托技术含量较高的大中型骨干企事业单位的高技能领军人才，积极培育各类技能大师工作室，建立一支门类齐全、技艺精湛的高技能人才队伍。已建立省级大师工作室 6 家、市级大师工作室 25 家、区级大师工作室 26 家，对创建国家级、省级、市级、区级技能大师工作室的，分别给予每家 30 万元、15 万元、10 万元、2 万元的奖励。

（三）打造“紧缺引育工程”，让社会主动引。鼓励人力资源机构或培训机构引进和培养重点发展领域及其产业链相关领域的产业工人，对促成从区外引进或本地培养的紧缺技能人才与企业签订劳动合同并缴纳社会保险的单位，按初级工、中级工、高级工、技师、高级技师给予不同标准的一次性奖励。对成功引进“中华技能大奖”获得者、世界技能大赛金牌获得者、世界技能大赛银牌获得者、“全国技术能手”、省级首席技师、市级技术能手和本区紧缺的具有高级技师职业资格等高技能人才的单位，按 50 万元、30 万元、20 万元、10 万元、5 万元、2 万元、1 万元给予奖励。

坚定不移深化产改　致力员工共同富裕

浙江吉利控股集团

编者按：浙江吉利控股集团坚持以“红色引擎”党建品牌为载体，以党建带工建、全面提升“元动力工程”双爱品牌为抓手，以落实《吉利共同富裕行动纲领》为目标，扎实推进产业工人队伍建设改革工作。通过健全组织设置、开展特色活动、健全管理制度，不断提升员工的思想政治素质。通过创新校企合作模式、完善技能竞赛体系、开展工匠人才选树，不断提升员工的技能素质。通过创新“七星”发展通道、开展“四百工程”、加强大师工作室工作，不断拓宽员工的职业发展通道。发布《吉利共同富裕行动纲领》，通过实施员工收入增长计划、全员职业提升计划、开展“双爱”工程，建设共同富裕示范企业，不断增强员工的获得感、幸福感和安全感。

浙江吉利控股集团（以下简称“吉利”）始建于1986年，员工总数超过12万人，连续10年进入《财富》“世界500强”企业名单，2021年排名239位。在推进产业工人队伍建设改革试点工作中，吉利坚持以“红色引擎”党建品牌为载体，以党建带工建、全面提升“元动力工程”双爱品牌为抓手，以落实《吉利共同富裕行动纲领》为目标，扎实推进产业工人队伍建设改革工作，取得了显著成效。

一、坚持以党史学习教育为重点，不断提升员工的思想政治素质

吉利坚持以党建为统领，构建党群共建的大党建格局，把发挥战斗堡

垒、示范引领、先锋模范的作用和保障员工主人翁地位落实到企业治理中和具体岗位上，见人见事见成效。

（一）健全组织设置。按照集团建党委、基地建支部、班组建小组的原则设立党组织，集团已建党委 30 个、党支部 499 个，有党员 1.1 万多名，实现党组织和党活动全覆盖。

（二）开展特色活动。把党史学习教育作为推进产业工人队伍建设改革工作的重点，以“红色学习、红色课堂、红色线路图、红色展览、红色宣传、红色先锋队、红色建功”七大活动为主题，形成了“学党史、感党恩，听党话、干事业”的浓厚氛围。2021 年 6 月 30 日，吉利党委隆重召开了庆祝建党百年“两优一先”表彰大会。集团推荐的吕义聪同志被党中央授予“全国优秀共产党员”称号，并受邀到北京参加建党百年庆祝活动。

（三）健全管理制度。吉利通过“员工提案”和“问题解决票”两大载体，鼓励员工发现问题、提出问题、解决问题，通过这些方式，近 3 年为公司创造经济效益近 30 亿元。

二、坚持以技能培训体系建设为重点，不断巩固员工的立业之本

（一）探索校企合作模式。吉利实施全员职业提升计划，建立覆盖所有员工和产业链合作伙伴的全职业生涯教育培训体系，切实为一线劳动者创造更好的职业发展条件、在产业链上创造出属于他们自己的职业价值，让他们收获尊严、实现梦想、获得幸福。目前，吉利与 267 家高职院校开展产教融合合作，建成了 6 个面向一线技能员工的区域性制造实训中心。

（二）完善技能竞赛体系。2021 年 3 月至今，举办 4 届集团“技能新星”大赛，上万名新员工和高技能学徒参赛；举办 7 场集团技能大赛，举办 1 场政府技能大赛，参加 1 场国家技能竞赛，参加 1 场国际技能竞赛，通过大赛培养出 1657 名能工巧匠。在“一带一路”暨金砖国家技能发展与

技术创新大赛佛山国际赛新能源汽车创新制作竞赛上，集团获得职工组冠军，实现了吉利在国际赛事零奖牌的突破。

（三）发挥先进带头作用。连续20年开展“书福奖”的评选，220人获奖，其中一线员工占50%；连续4年开展“吉利十大工匠”评选，40人获奖。几年来，一批优秀技术工人脱颖而出，在全国汽车行业技能大赛中共获158个奖项，4名选手获得“全国五一劳动奖章”，8名选手荣获“全国技术能手”称号。

三、坚持以创新发展模式为重点，不断拓宽员工的职业发展通道

（一）创新“七星”发展通道。建立《星级员工评价管理办法》，细化星级员工评价标准，完善考核评价体系，通过七个不同星级评价来健全一线员工职业发展通道，2021年共计16369人完成星级评价。

（二）创新开展“四百工程”。“四百工程”即“百名技能人才转专业管理岗、百名大雁员工（校园招聘员工）转班组长、百名制造人员转采购研发岗、百名高潜人才（高级管理人员）转海外新项目岗”，健全内部人才流动机制，促进员工流动，资助优秀工人进行研究生学历深造，进一步优化各类员工职业发展通道，助力产业工人成长成才。

（三）创新开展大师工作室工作。吉利创建了52家技能大师工作室，其中1家国家级工作室。多年来，以大师工作室为载体，发挥大师工作室的攻坚克难作用，在科技创新、提质增效等方面取得了显著成果。2022年4月27日，在“五一”国际劳动节来临之际，集团工会召开“庆五一·致匠心”暨前湾技能大师工作室技术经验交流会，为技能大师们提供了技术交流的平台。

四、坚持以建设共同富裕示范企业为重点，不断增强员工的获得感、幸福感和安全感

（一）发布《吉利共同富裕行动纲领》。通过实施员工收入增长计划，实现共创、共担、共享、共富；通过实施全员职业提升计划，打造学习共同体；通过实施全员家庭健康保险计划，实现一人就业、全家安康。2021年8月20日，作为吉利共同富裕计划中全员收入增长计划的一部分，极氪发布股份奖励计划，通过预留股份及未来发行新极氪股份，向3000多名员工发放5600万股极氪股份。2021年8月30日，吉利汽车（HK.0175）董事会共批准3.5亿股额度，第一批向1万多名员工授予其中的1.67亿股，按照吉利汽车当日收盘价计算，市值约为45亿港币。

（二）提升员工幸福指数。持续开展“双爱”工程，将每年的6月26日设立为集团“员工关爱日”，并举办各类关爱活动；在10月“司庆月”期间，开展“忠诚奖”颁授、接力跑、集体婚礼、家属开放日等各类活动。同时，制定完善了员工关爱互助实施规定，充分发挥关爱激励政策、教育援助政策、互助政策的协同作用，实现“婚育生日必祝贺、进步义举必奖励、伤病住院必看望、家庭困难必帮扶、重大疾病必保障、身亡丧葬必抚恤”的全方位关爱。

改革赋能　精改精建
开创产业工人队伍建设改革新局面

浙江省温州市柳市镇产业工人队伍建设改革协调小组

编者按： 浙江省温州市柳市镇深入实施产业工人队伍建设改革赋能“四大工程”，坚持政治引领“把方向”、突出主体“强保障”、试点先行“带全局”，推动产业工人队伍建设改革工作取得重要阶段性成效。深化思想引领工程，强化“两新组织”牵引力，增强党史教育感召力，放大党建活动凝聚力，实现党建、产改“双推进”。深化科创赋能工程，建设镇智慧创新发展中心，建成华北电力大学电气创新研究院等研究机构，举办中国电力能源企业家论坛、数字经济产业集聚发展研讨会等尖端峰会，促进技术攻关、成果转化，实现创新、研发“双增效”。深化培训激励工程、暖心关爱工程，实现技能、待遇“双提升”，服务、保障“双到位”。

浙江省温州市柳市镇是制造业强镇，也是产业工人集聚大镇，辖区内工业企业近万家，产业工人近 20 万人。近年来，柳市镇深入实施产业工人队伍建设改革赋能“四大工程”，坚持政治引领“把方向”、突出主体“强保障”、试点先行“带全局”，推动产业工人队伍建设改革工作取得重要阶段性成效，为建设“共同富裕标杆镇、业强宜居小城市”注入强劲动力。

一、深化思想引领工程，实现党建、产改“双推进”

（一）强化“两新组织”的牵引力。全覆盖组建“两新”党组织 556 个，实施党建标准化、规范化、信息化，推进工会组织阵地与党建阵地同步设置，实现企业党组织面上覆盖、质上提升。不断加大在产业工人中发展党员力度，2021 年新入党产业工人达 120 名。

（二）增强党史教育的感召力。围绕“红色领航”行动，在企业、园区全面推行“党日共学”制度，常态化开展“党史党课在车间”活动，鼓励非党员工人共同参与学习，用鲜活的党员工人先进事例激励职工，引导广大产业工人听党话、跟党走。

（三）放大党建活动的凝聚力。通过开展“中国梦・劳动美”主题活动、“我心向党・礼赞百年”——万名职工齐唱红歌等系列党建主题文化活动，努力把产业工人紧紧凝聚在党的周围，全面打牢共同奋斗的思想基础。

二、深化科创赋能工程，实现创新、研发“双增效”

（一）建载体，促成果转化。依托镇智慧创新发展中心，大力开展创新项目孵化、先进操作方法推广、优秀科技成果展示等活动，2021 年共举办交流会 33 场，参会职工 1128 人次。实现生产与创新“零距离”链接，推动科创项目及时实施，提升效益，全面提高职工的成就感。

（二）强联动，促技术攻关。建成华北电力大学电气创新研究院、北京工业大学机器人产学研基地等研究机构，形成技术交流、协作共享、合力攻坚的良性互动，自 2021 年以来，已由企业职工协同推进专利研发项目 14 项。

（三）搭平台，促交流提升。成功举办中国电力能源企业家论坛、数字经济产业集聚发展研讨会和“浙江制造”立标培训会议等一系列尖端峰会，让柳市镇优秀工人充分吸收各地先进技术、优秀理念，拓宽“高端视野”，为高质量发展建功立业。

三、深化培训激励工程，实现技能、待遇“双提升”

（一）构建技术培训的“加油站”。推动柳市镇新光工业园区、苏吕小微企业创业园等工业园区与柳市职业技术学校、春华教育集团等机构开展合作，共建6家技能提升培训基地、10家企业培训教学点，着力在职业培训上求实效、在产教融合上求突破。持续擦亮柳市“匠心工坊”职工技能培训品牌，积极开展技能考证培训，如电工培训、电子商务师培训、网络直播师培训、班组长培训、信息录入员培训、劳动协调师培训等，2021年共培训3200人次。构建技能竞赛、创新竞赛等多元赛道，举办电工职业技能大赛、电能表技能竞赛、长三角21城电工竞技赛等重大赛事，全面调动产业工人学技术、比技能、练本领的积极性。

（二）打造职工晋升的“快车道”。发挥试点企业先行先试作用，引导支持正泰集团、德力西集团、人民集团、固力发集团等8家企业成为自主评价单位，先后完成职业技能等级认定2865人。建立技能水平与薪酬等级挂钩制度，如正泰集团在浙江省率先建立了技能人才评价标准体系建设基地，通过打造“3R”技能人才自主评价培养模式，从制度建设、运行机制、资源保障3个方面入手，不断提升员工的专业知识水平和技能水平，促进人才进步与企业持续发展结合。针对一线操作技能产业工人，参考国家标准，分别设计了技能人才初级、中级、高级、技师、高级技师5个等级的职业发展路径，并且从学历、职业资格、工作绩效、改善创新、技能认证、培训培养等维度设计了各等级的任职资格要求，为员工技能等级提升搭建制度平台。先后建立资料保管、考评工作人员、考生管理等20余项管理办法，完善技能人才自主认定制度。目前已累计开展人才自主评价1300余人次。树立“多劳者多得、技高者多得”的鲜明导向，形成“企业得发展、职工得实惠”的良好局面。

（三）设立选树推优的“标兵岗”。由镇政府组织开展两年一度的“柳市金牌员工”评比表彰，已评选金牌员工180名，并引导全镇企业开展“五型班组”“技术能手”等评选活动，创立劳模创新工作室8家，评选省市级工匠26人，德力西车间“娘子军”团队获评“全国五一巾帼标兵岗”。

四、深化暖心关爱工程，实现服务、保障“双到位”

（一）政策聚焦强保障。先后出台柳市镇职工子女优先入学等 7 项配套政策，为在柳市工作超 20 周年的一线职工提供成本价购房福利，全面加强对产业工人生产、生活的服务保障。开展“送温暖·四季歌”活动，引导企业改善职工食堂、职工书屋建设，同时不断丰富汇工融通卡的消费服务体系，让产业工人得实惠、真受益。

（二）资源聚合优服务。加速推进工会阵地回归主业，融合柳市文化中心、城市书房、党群服务中心打造镇级职工服务窗口，为职工提供个性化服务。深入开展送公益课入园区、入企业系列活动，建立“乐工益”教学点 16 个。由镇工会牵头，组建职工社团 10 个，召集职工志愿者 4350 人，有效办好青年职工交友、职工子女假期托管等服务职工“十件实事”，最大限度满足产业工人的需求。

（三）团队聚力保权益。持续拓宽工会覆盖面，保持年均新增工会组织 40 家。不断健全无欠薪协调机制，充分发挥工会职工服务中心和社会治理服务中心的调解作用，促使 40 家企业、园区签订薪酬分配集体合同。邀请专业律师团队每周五定点开展法治宣讲、法律援助、法律咨询等普法活动 90 场，惠及职工 3.2 万人，全面营造“和谐劳动”的美好图景。

打造“四大基地”
全面推进产业工人队伍建设改革

浙江省宁波市北仑区灵峰工业社区推进产业工人队伍建设改革领导小组

编者按： 浙江省宁波市北仑区灵峰工业社区将产业工人队伍建设改革作为重点，全力打造“四大基地”。坚持需求导向，通过响应产业工人需求，打造个性化的产业工人队伍建设改革方案，建立社区产业工人队伍建设改革标准，打造社区产业工人队伍建设改革标准化基地。激发主观能动性，突出党建阵地建设，深化志愿服务活动，组织建党百年系列教育活动，打造产业工人思想政治教育基地。坚持就近服务，加大“工匠学堂”建设、技能等级和职称自主评价体系建设、竞赛基地建设、人才工作站建设的力度，打造“身边”的提升成长基地。推进贴心服务，成立“事了了”劳动关系调处工作室，建设社区职工文化活动中心，开展特色“连心”活动，打造产业工人“暖心”基地。

浙江省宁波市北仑区灵峰工业社区是宁波市北仑区首创工业社区治理的一个缩影。社区占地4000亩，共有企业78家，90%以上为压铸模及配套企业，产值超200亿元，员工2万余人。社区获评“中国压铸产业示范基地”等称号。近年来，社区将产业工人队伍建设改革作为重点，全力打造“四大基地”。截至目前，社区技能人才总数8000余人、青年技能人才6000余人、高技能人才1500余人，为社区高质量发展提供了强有力的人才支撑。

一、坚持需求导向，打造社区产业工人队伍建设改革标准化基地

（一）强化产业工人需求摸排响应。用居民社区服务理念来管理和服务产业工人，常态化开展联系走访、“职工说事”等行动，精准摸清职工需求。针对难题实行“吹哨”机制，协调政府部门相关人员随叫随到，形成无差别受理。全区 23 个部门围绕人才引培、子女入学等关键问题积极赋能，发展和改革部门、人社部门、科技部门等的工作人员长期驻点，自 2022 年以来已召开调研协调会 20 余场，摸排解决相关问题 50 余项。

（二）打造个性化产业工人队伍建设改革方案。社区党委书记担任社区产业工人队伍建设改革领导小组组长，根据调研走访情况，制定实施方案、任务清单、工作计划，积极推进规模以上企业纳入非公产业工人队伍建设改革工作范围。

（三）建立社区产业工人队伍建设改革标准。结合制定《工业集聚区社区化管理和服务规范》省级标准，细化制定工业社区产业工人队伍建设改革工作标准，形成一级标准 6 项、二级标准 17 项、三级标准 55 项的标准清单，社区产业工人队伍建设改革工作实现标准化。

二、激发主观能动性，打造产业工人思想政治教育基地

（一）突出党建阵地建设。社区配备党群服务中心，依托工会“三定一统筹”改革强化基层力量。社区 100% 实现职工 30 人以上的非公企业有党员、80 人以上非公企业单建实体党组织。建有非公党组织 25 个，新增 3 个产业链党组织，2022 年新增党员 30 名。

（二）深化志愿服务活动。引导发动 6000 人次投身抗疫、文明城市创建等志愿活动中，继峰公司职工朱贤长荣获“全国优秀农民工”称号。多家企业的安全技术员组成“安全生产互助协会”，义务为社区企业进行安全

指导检查，排查隐患 100 多处，避免损失 300 万元。

（三）组织建党百年系列教育活动。发挥社区市级党员教育红色基地作用，紧扣庆祝建党 100 周年主题，开展产业工人“学党史、听党话、跟党走”思想宣传活动 12 期，辐射产业工人 1 万名。大力开展评先活动，弘扬劳模工匠先进事迹。

三、坚持就近服务，打造“身边”的提升成长基地

（一）打造身边的“工匠学堂”。打造“工匠学堂”网络，形成“准匠—工匠—大匠”晋升体系，建设“灵峰工匠”品牌。社区建有“工匠学堂”的企业 12 家，“菜单式”培训 1 万余人次，培育“灵峰工匠”20 名、“浙江工匠”1 名。社区联合宁波大学、上海交通大学、宁波职业技术学院、北京航空航天大学宁波研究院等高校及研究所，共同开展实习实训、人才对接、技术服务等活动，打造省级汽模产教融合示范基地。

（二）打造身边的自主评价基地。推动技能等级和职称“双线”自主评价，社区成为全市首个车工、钳工技能自评园区，70 余名产业工人通过自评得到证书。社区新申报了模具工程师自评资格，首批 67 人通过评审，在浙江省属于首次。

（三）打造身边的竞赛基地。发挥好“企业—社区—街道”三级竞赛体系承上启下的作用，自 2021 年以来共举办模具工、铣工、PLC 编程等 4 类职业技能竞赛 12 场，500 余名产业工人参赛，50 余名产业工人获得证书。

（四）打造身边的交流合作基地。社区成立人才工作站，举办多场产业论坛活动，联合区海外工程师协同中心设立高端模具工程技术中心，为产业工人创新成长提供更优资源。

四、推进贴心服务，打造产业工人“暖心”基地

（一）建立问题疏导体系。成立“事了了”劳动关系调处工作室，解决

劳资案件 74 起。推进模具行业工资集体协商，明确同工同种技术人员工资区间的合理范围，营造健康用工生态。开展幸福系列课程 12 期，呵护产业工人的心理健康。

（二）做强职工之家。线下投资 757 万元建设社区职工文化活动中心，面积 1.1 万平方米，满足产业工人的个性化需求。线上打造网上“职工之家”，积极推广“浙工之家”等优质资源。

（三）开展特色“连心”活动。推出“春节不打烊”活动，参与的产业工人超 1 万人次，相关做法被央视报道。举办全天候免费“假日学校”，解决双职工子女暑假看管难的后顾之忧。

把握“三贴近” 激发新动能

华峰集团

编者按：华峰集团牢牢把握“三贴近”原则，激发产业工人队伍建设改革新动能，推动职工队伍素质全面提升。坚持贴近职工，加强组织保障，强化阵地建设，对标学习先进，强化思想政治引领。坚持贴近实际，构建职业培训机制，搭建项目攻坚平台，完善技能等级晋升体系，激励担当作为。坚持贴近需求，聚焦民生改善、文化诉求、精准帮扶，解决难点问题，着力改善产业工人吃、穿、住、行的条件。

温州是我国民营经济的重要发祥地。在非公企业产业工人队伍建设改革的实践中，温州以干在实处、走在前列、勇立潮头的使命担当，推动产业工人队伍建设改革工作走深走实，涌现出一批先行先试的典型。总部位于温州瑞安市的华峰集团创办于1991年，是“中国企业500强”，以生产化工新材料为主业，在全国6个省市及“一带一路”沿线多个国家与地区建有生产基地及销售公司，下辖50余家全资及控股公司，其中有3家上市公司（“华峰化学”“华峰超纤”“华峰铝业”）、13家国家高新技术企业，是国内新材料行业的领军企业。

自2021年被确定为产业工人队伍建设改革试点企业以来，华峰集团牢牢把握“三贴近”原则，激发产业工人队伍建设改革新动能，推动职工队伍素质全面提升。

一、贴近职工，强化思想政治引领

华峰集团始终坚持强化思想政治引领，切实增强产业工人队伍的先进性。

（一）加强组织保障。华峰集团以“党建引领，群团共建”的党群一体化运作模式，创新党群干部“选育”机制，让一线产业工人更多地充实到党群干部队伍中来，引导职工听党话、感党恩、跟党走；组织好职工代表大会，工人党员和产业工人代表比例超过 90%，切实把党的意志和主张落实到广大职工中去；用好工资集体协商机制，让一线产业工人收入年均增长达到 15% 以上。

（二）强化阵地建设。按照“活动中心 + 服务站 + 群众之家”的模式，在瑞安基地建立 6 个活动中心。依托阵地，开展“工匠学堂”活动，为职工带去各类技能培训、法律知识讲座等。借助华峰党政校，举办华峰讲堂、岗位标兵事迹报告会，加强职工政治思想引领。

（三）对标学习先进。专门组织赴物产中大集团股份有限公司、海亮集团有限公司等“世界 500 强”企业开展产业工人队伍建设改革经验交流，向标杆企业看齐，提升学习动力。组织全体职工向集团劳模、工匠学习，争当有理想守信念、懂技术会创新、敢担当讲奉献的新时代产业工人。

二、贴近实际，激励担当作为

华峰集团严把产业工人素质关，始终注重产业工人专业水平和技能水平的提升。

（一）构建职业培训机制。围绕经营管理实际，连续 12 年举办职工“创新创优创效”竞赛，每年开展技能比武 120 余场次，评选出“岗位能手”120 多名。开展职工技能培训，每年创建“学习型组织”超过 120 个，组织技能培训 3 万余人次，推动 QC 攻关、现场改善等近 200 项课题。开展“五小”创新活动，2021 年收到合理化建议 4500 余条，采纳 3900 余条，为企业创效超过 3000 万元。

（二）搭建项目攻坚平台。以华峰新材料产业园、洞头 LNG 调峰站、高性能可降解新材料项目等为主战场，创建“工人先锋号”，克服规划设计、工程技术等难点问题百余项，加快了项目进度。以“高技能人才创新工作室”为载体，开展“传帮带”等活动，带领有创新兴趣、技能专长的职工共同攻克技术难题，2020年孵化重点创新项目71项，创造经济效益超过6000万元，推动“传统产业工人”向“现代技术工人”转变。

（三）完善技能等级晋升体系。集团实行八级技工制，即使是一线工人，如通过“八级技工”技能通道，年收入最高可达100万元，真正实现“发展依靠员工、发展为员工、成果惠及员工”。同时，加强推广“华峰工匠平台”和首席技师工作室，带动工匠精神的弘扬和工匠文化的形成，为企业发展培育了一大批高技能人才，带动产业工人队伍整体素质提升。

三、贴近需求，解决难点问题

华峰集团重视改善产业工人吃、穿、住、行的条件，也致力于不断满足员工对未来美好生活的向往。

（一）聚焦民生改善。针对职工队伍壮大、宿舍房源紧张的问题，集团工会出面协调，投资1.6亿元，在瑞安基地兴建职工宿舍、人才公寓，让更多职工住上“幸福新家”。

（二）聚焦文化诉求。针对员工反映的园区生活枯燥的问题，集团工会投入200多万元，建设华峰情感驿站，打造“心理咨询”“阳光热线”等五大载体，组建19个职工文化俱乐部，每年为5000余名员工提供400多场次各类文化活动，为员工展现个性风采、激发独特创意、培育创新能力提供舞台。

（三）聚焦精准帮扶。制定《华峰集团困难职工帮扶救助管理办法》；建立职工“爱心银行”，发放无息贷款，年放贷20余笔超40万元；开放职工“爱心超市”，为职工提供日常生活便利；每年从帮扶基金中拨款超过20万元，通过家访、到岗慰问等形式送到职工手中，让有需要的困难职工切实感受到企业的关爱。

着力跨地域、跨行业、跨企业目标深化劳模和工匠人才创新工作室联盟建设

河南省总工会

编者按： 河南省各级各类劳模和工匠人才创新工作室通过联盟这个纽带，由“点”成“面”、聚“线”成“网”，协同创新、抱团发展的效应进一步显现。截至目前，已有1716家创新工作室、104家科研院所接入省总工会联盟云端平台，实现了线上互联、云端聚合，同时发布创新项目1890项，获得专利1495个，共享培训视频课件1039个。据不完全统计，自2021年以来，全省各级各类创新工作室孵化创新项目1.49万个，通过联盟开展跨地域、跨行业、跨企业协同攻关创新项目3700多个，线上、线下培训职工30万余人次，全省创新工作室的整体效能被不断激活和放大。

近年来，河南各级工会聚力打造“河南劳模工匠创新工作室方阵”，目前全省县以上工会和重点企业共创建示范性创新工作室5600多个。从2018年起，河南省机械冶金建材工会、河南省石化工会等产业工会以及中原油田、中国一拖、中建七局等企业率先进行创新工作室联盟建设的探索。全国推进产业工人队伍建设改革协调小组下发《关于开展第二批产业工人队伍建设改革试点工作的通知》，将河南列为“创建劳模和工匠人才创新工作室联盟”试点，要求在省级层面扩大试点、全域推进。河南省委及省产业工人队伍建设改革协调小组对此高度重视，精心部署安排，有力有序推进，取得了积极进展和良好成效。

一、高位启动，把联盟建设摆在重要位置

河南省委常委会专题听取省总工会汇报，对创建劳模和工匠人才创新工作室联盟、打造河南产业工人队伍建设改革品牌提出明确要求。省总工会党组多次召开会议研究部署，专门成立推进联盟建设工作领导小组，党组书记、常务副主席任组长，分管副主席任常务副组长兼办公室主任，各位班子成员任副组长，强调省、市、县各级工会要把推进联盟建设作为“一把手工程”，摆上重要议事日程，切实抓紧抓好，确保高质量完成全国产业工人队伍建设改革协调小组赋予的产业工人队伍建设改革试点任务。省总工会还健全完善调研指导、技术交流、正向激励、督查通报、典型培育、宣传引导 6 项机制，做优做实联盟试点。

二、全力推动，多维度构建联盟工作体系

河南省总工会印发《推进劳模和工匠人才创新工作室联盟建设实施方案》，提出建立线上云端联盟平台，构建线下纵横联盟体系，即包括 18 个省辖市在内的横向地域联盟，17 个省级产业工会在内的纵向产业联盟，若干个有影响力的“点式”引领型重点企业联盟，以大国工匠、全国劳模和全国示范性创新工作室等为纽带的跨区域、跨行业、跨企业“网状”联盟，要求各级工会全面启动、同步构建、协同发力。省总工会先后召开“河南省工会劳模和工匠人才创新工作室联盟试点工作研讨推进会”“全省产业工会推进劳模和工匠人才创新工作室联盟建设汇报会”“全省工会推进劳模和工匠人才创新工作室联盟建设现场观摩推进会”，进行多层面、多维度、大力度推动。省总工会 7 名党组成员、3 名兼职副主席分 10 路、深入 18 个省辖市走访调研创新工作室，指导督促联盟建设。省总工会专门组建联盟建设巡回讲师团，赴各省辖市开展线上、线下宣讲 25 次。省总工会及省产业工会组织专题培训班 6 期，培训创新工作室骨干 300 多人。

三、上下联动，以“三跨”目标放大联盟作用

河南省 18 个省辖市、17 个省级产业工会都制定下发了实施意见，分别构建了本地、本产业系统的创新工作室联盟体系，覆盖全省 80% 的创新工作室，初步形成了“点线面三位一体、产学研三力整合、聚优势三跨攻关”的联盟格局。着力跨地域、跨行业、跨企业目标，聚合各地、各工种、各领域技能人才，围绕企业技术“瓶颈”和难题开展联合会诊、协同攻关。例如，“洛阳市劳模和工匠人才创新工作室联盟”覆盖 378 个创新工作室，涵盖劳模和技能人才 3500 多人，在联盟云端平台发榜 340 余次，线上、线下攻克技术难题 97 个。安阳 131 个创新工作室通过联盟，发挥“集团”作战优势，共享专利项目 84 个、创新项目 75 个。南阳市认真贯彻习近平总书记视察南阳时的重要指示精神，创建月季、艾草、玉雕、中药 4 个特色产业劳模工匠创新工作室联盟，打造工会助力乡村振兴新模式。其中，“中原大工匠”仵孟超牵头建立的“玉雕产业创新工作室联盟”聚合了 110 个玉雕大师工作室，“南阳市五一劳动奖章”获得者查洪付领衔建立“艾草产业创新工作室联盟”，工作室的产品畅销全国。中国一拖“东方红劳模创新工作室联盟”发挥 14 个创新工作室和 2 个创客空间优势，联合国内相关行业企业创新工作室协同攻关，年均创新立项 300 余个、创效 1000 余万元。“中原油田创新工作室联盟”对内集聚 144 个创新工作室力量，对外吸引省内外产业链上下游创新工作室参与，串珠成链、握指成拳、协同创新，完成攻关课题 1260 余项，解决生产难题 3304 个，创效 8000 余万元，联出成果、联出人才、联出效益。

厚培土壤　赋能成长
推动建筑产业工人由“工”变“匠”

中国建筑第七工程局有限公司

编者按：中国建筑第七工程局有限公司围绕产业工人成长赋能，大力弘扬劳模精神、劳动精神、工匠精神，以初心引领建筑业产业工人筑牢匠心；健全完善素质提升、地位提高、建功立业、创新创效、权益维护等机制，畅通发展通道，促进产业工人成长成才，培养出一大批劳模工匠人才，为公司高质量发展提供了有力的人才支撑。

中国建筑第七工程局有限公司（以下简称“中建七局”）作为河南省产业工人队伍建设改革试点单位，始终坚持党建与生产经营、职工发展等工作深度融合，形成党建、产改、工建一体推进长效机制，充分激发产业工人的创新内驱动力，着力推动产业工人队伍技能素质提升，让产业工人由“工”变“匠”，打造一支有理想守信念、懂技术会创新、敢担当讲奉献的产业工人队伍，推动产业工人在建筑行业“新四化”挑战中续写新篇。

一、以初心筑匠心，牵牢产业工人队伍建设改革的“牛鼻子”

（一）初心引领，坚定信念。紧扣职工发展实际，成立产业工人队伍建设改革联席会议，形成了党委统一领导、工会牵头抓总、部门各司其职的工作格局。紧紧立足于社会主义核心价值观宣贯，组建“共赢”艺术团，成立劳模志愿服务队，组织百余位劳模工匠走上讲台，开展“中国梦·劳动美”年度宣讲300余场次，覆盖职工20余万人次，让党的创新理论深入人心。5年来，20余名职工当选地市人大代表，2名职工分别当选河南省建设工会副主席和合肥市建设工会兼职副主席，2 名职工当选河南省工会十五大代表，“河南省五一劳动奖章”获得者丁建民当选全国工会十七大代表，“中原大工匠”白梅当选党的二十大代表。

（二）讲好故事，培育精神。充分发挥国匠军魂展览馆的作用，深化“中国梦·劳动美”主题宣传教育，建设覆盖 9 大区域 29 个站点的职工读书会组织，通过“1+X+100”集中入会活动、区域读书交流活动，在职工中传递“好声音”、讲述“好故事”、集聚“正能量”。同时，组织专人团队重点挖掘赖友华、王勇军、杨昆、白梅等“全国劳动模范”“全国技术能手”身上的好故事、好话题，用“小故事”讲“大道理”，引导广大职工学先进、做先进，培育更多具有工匠精神的新时代产业工人。

（三）典型宣传，示范带动。坚持以习近平新时代中国特色社会主义思想为指导，坚持贴近一线、发掘一线，宣传一线，在《人民日报》、新华网、《工人日报》等主流媒体上进行先进事迹宣传，强化劳动光荣、技能宝贵、创造伟大的价值导向。注重强化职业精神教育，开辟专栏，把十大工匠事迹改编为“工匠诗歌”，通过“巡回演讲”等形式着力开展分众化、互动化、精准化的宣讲活动，累计开展活动 1000 余场次，覆盖职工 30 余万人次，在全局营造出大力弘扬劳模精神、劳动精神、工匠精神的风气，引导广大职工在抓生产、展形象、促发展中学习先进人物的精神。

二、强机制圆匠梦，构建产业工人转型升级的“生态圈”

（一）拓展空间，人人出彩。中建七局积极为产业工人参与企业管理创造条件，三级职代会均邀请一线职工、农民工代表参加，在 2021 年职代会选举产生的正式代表中，技术技能人员占比超过 30%。打通行政职务序列与职业技能等级的横向转换通道以及技术工人身份转变通道，推动实现“多劳者多得、技高者多得”的工资增长机制。拓宽产业工人“评优评先”通道，专门针对一线工人设定竞赛项目和专业工种，给获得第一名的产业工人授予“技术能手”“技术标兵”等荣誉称号。自2020年以来，累计培育“职工工匠”400余名、“技术能手”1500余名，让广大产业工人感受到改革成效看得见、摸得着，让他们的工作和生活更体面、更出彩，发展更有盼头、更有奔头。

（二）创造平台，建功立业。中建七局聚焦国家重大战略、重点工程，实施“建功新时代主力军行动”，年度组织开展劳动和技能竞赛500余场次、区域交流推进活动10余场，为广大一线职工提供建功立业的发展大舞台。牵头成立中国职工技术协会建筑委员会，构建“1+1+5”产业工人实训体系，形成线上、线下，理论、实操同频共振的学习大讲台。积极开展省级、全国级大赛承办和参赛工作，年均承办省级行业大赛6次，连续两届参加全国职工职业技能大赛，2018年首次承办第六届全国职工职业技能大赛“中建七局杯”砌筑工决赛，为广大一线职工提供展示风采的挑战大擂台。建设“中建七局工匠学院”，设立5个分院，搭建3个劳模工匠创新工作室联盟，出台示范性创新工作室管理办法，提供补助资金，培育技能大师工作室，为广大职工提供实现人生梦想的创新大舞台。

（三）维护权益，暖心关怀。积极推进职工之家和户外劳动者驿站建设，完善职工教育、休闲健身、文化活动等功能，形成“1+N”产业工人服务阵地矩阵，累计建设户外劳动者驿站100多个、爱心驿站20多个，其中5个获评“河南省示范性爱心母婴室”，10个获评“全国最美服务站点”；积极实施职工健康工程，每两年开展一次心理健康普测和幸福指数调查活动，累计跟踪服务职工10余万人次；依托全国五大区域布局，常态化、分众化开展“五必送”“四必访”活动，设立爱心互助基金，进行全国农村留守儿童关爱保护宣讲，年投入资金数百万元，开展各类关爱活动2000余场次，有20余万人次受益。

三、育匠人增实效，打造产业工人改革发展的“新高地”

（一）人才涌现，硕果累累。坚持把培养人才、服务职工发展作为基本目标，通过竞赛比武等各类平台，培养“全国劳动模范”1名、“全国五一劳动奖章”获得者6名、“全国技术能手”3名、行业大工匠10名、省级“技术能手”53名。其中，第六届全国职工职业技能大赛冠军选手许纪平相继获得“全国技术能手”“全国五一劳动奖章”“全国最美职工”“全国向上向善好青年”等荣誉和称号，先后2次步入人民大会堂领奖、4次接受中央电视台专访，并受邀参加新中国成立70周年和建党100周年庆祝大会，当选第七届全国职工职业技能大赛专家评委，享受河南省政府特殊津贴，从一名普通的农民工成长为高级专家。

（二）文化渐浓，生机无限。全局各级工会组织紧紧围绕企业产业工人队伍建设改革目标，从文体建设、创新文化建设和劳模精神宣传等方面入手，扎实用力、齐心共建，不断丰富员工的精神文化生活，锻造企业砺进共赢文化。5年来，中建七局的2家单位荣获“全国企业民主管理先进单位”，20余个书屋获评“全国职工书屋示范点”，2家单位获评“全国模范职工之家”，2名工会干部荣获“全国优秀工会干部”，中建七局的“建家”经验被编入全国总工会编写的《新时期工会群英谱》，中建七局荣获“全国群众体育先进单位”。

（三）效益攀升，品质改善。产业工人队伍的高质量给企业带来了良好的经济效益和社会效益。5年来，中建七局累计创建劳模和工匠人才创新工作室120个，投入经费300余万元，完成创新成果1200项，申请实用新型专利700余项，3项成果获评“全国职工创新创效成果奖”，2项成果荣获“中国专利年度奖”，2位职工亮相首届大国工匠展，取得经济效益3亿余元。同时，各项经营指标实现跨越式增长。全局各单位荣获“鲁班奖”“国家优质工程奖”等荣誉100余项，“中国建筑装饰奖”50项，并获评“全国文明单位”“全国先进基层党组织”等。子企业全部荣获全国“安康杯”竞赛优胜企业，5 家单位荣获“全国五一劳动奖状”，使得职工的发展动力和后劲更加旺盛。

完善机制建设　提升技能素质
深入推进产业工人队伍建设改革

河南省驻马店市推进产业工人队伍建设改革协调小组

编者按：河南省驻马店市委、市政府高度重视推进产业工人队伍建设改革工作，始终把产业工人队伍建设改革作为重要政治任务来抓，深入调研、高位推动，着力构建合力推进的工作格局；建立完善沟通协调、督导检查、考核评估工作机制，强力推进改革举措落实；广泛深入持久开展劳动和技能竞赛，扎实开展技能培训和职业教育，着力畅通产业工人发展通道，鼓励支持产业工人创新创效，动员组织广大产业工人建功立业；探索创新服务保障模式，构建线上、线下服务网络，规范农民工用工管理，切实维护产业工人安全健康权益，使得广大产业工人的主人翁意识不断增强，主体作用进一步发挥。

近年来，驻马店市坚持把产业工人队伍建设改革工作作为重要政治任务来抓，围绕贯彻落实思想引领、素质提升、地位提高、队伍壮大、建功立业等改革举措积极创新探索，健全制度机制。3 年来，市、县级共出台配套政策文件 200 余项，形成了全面发力、合力推进的良好局面。

一、党政领导重视，凝聚工作合力

（一）党政高层次推进。每年召开产业工人队伍建设改革工作推进会暨“天中工匠”命名表彰会，市委副书记、常务副市长出席会议，并对产业工人队伍建设改革的下一步工作作出批示、提出要求。各县区党委、政府也高度重视产业工人队伍建设改革工作。

（二）人大调研审议。市人大常委会社会建设委员会组织部分成员单位负责人深入企业调研产业工人队伍建设改革工作落实情况，并召开座谈会，听取市人社局、市财政局、市教育局、市卫健体委、市司法局、市应急管理局等有关部门产业工人队伍建设改革工作落实情况汇报。市第四届人大常委会召开的第 26 次全体会议审议通过了市人民政府关于产业工人队伍建设改革情况的报告。

（三）部门合力推进。各县区、各市直成员单位主要领导挂帅，督促落实。10 个县区均已印发产业工人队伍建设改革方案，并召开了协调推进会议，市人社局等 31 个成员单位制定了各自的落实方案，形成全面发力、合力推进的良好局面。市财政局筹集补助资金 1.8366 亿元重点用于支持企业开展产业工人技能培训，筹集 2268 万元支持企业开展以工代训、岗前培训、技能提升培训、转岗培训、企业新型学徒制培训等，筹措各类劳动和技能竞赛经费 86.8 万元，筹措就业创业平台建设经费 250 万元，为产业工人队伍建设改革工作扎实推进提供了资金保障。

二、构建工作机制，坚持跟踪问效

（一）建立信息沟通机制。在驻马店卷烟厂、鼎力杆塔、恒久机械制造公司等 60 家产业工人队伍建设改革工作重点联系企业建立信息直报沟通机制，动态掌握基层单位的产业工人队伍建设改革工作情况，对好的经验和做法进行推广，对发现的情况和问题及时纠偏，做到精准发力。

（二）开展调研督导。市产业工人队伍建设改革领导小组办公室 2020—2022 年连续 3 年组织产业工人队伍建设改革成员单位负责人深入县区、企业开展产业工人队伍建设改革工作专题调研，详细了解企业党建带工建、劳模创新工作室建设、职工技能提升、师带徒发挥“传帮带”作用、企业职业技能认定以及职工权益维护等方面的情况，并召开企业负责人、劳模代表和职工代表参加的座谈会，充分听取各单位在产业工人队伍建设改革工作推进过程中的问题和建议。

（三）以督查考核跟踪效果。2019 年，市长签批了《关于把市产业工人队伍建设改革工作纳入市政府绩效督导考核范围的报告》，之后连续 3 年将产业工人队伍建设改革工作纳入市政府目标考核重点督查事项。2022 年推动驻马店市产业工人队伍建设改革工作纳入市委、市政府双重目标考核体系，每月 25 日向市政府督查室汇报全市产业工人队伍建设改革工作进展情况，以上带下推动所辖 10 个县区将产业工人队伍建设改革工作纳入同级政府目标考核范围。针对县区和市直成员单位承担的任务，制定《县区考核办法》《成员单位考核办法》，建立了较为完备的督导考核体系。2021 年底，根据考核办法对各县区、各市直成员单位 2021 年度产业工人队伍建设改革工作进行了量化打分，进一步推动驻马店市产业工人队伍建设改革各项举措落地见效。

三、创新载体抓手，搭建职工建功立业平台

（一）开展“双百”技能竞赛。驻马店市总工会联合市人社局等单位每年在全市开展百余项职工技能竞赛活动，带动县区开展各类竞赛 100 项。

（二）开展工匠选树，深化劳模和工匠人才创新工作室联盟建设。制定印发《“天中工匠”选树培养管理办法》，每年市总工会联合市人社局邀请相关领域专家召开“天中工匠”评审会，给予每名“天中工匠”1 万元奖金。自产业工人队伍建设改革工作开展以来，共评选出 73 名“天中工匠”，全市工会系统选树各级工匠 589 名，实施“师带徒、匠带兵”和职工素质提升行动，签订师带徒协议 1912 份。召开劳模和工匠人才创新工作室联盟现场观摩暨培训会议，制定下发《联盟实施方案》《联盟平台积分管理办法》。目前，全市加入联盟的各级劳模创新工作室有 87 个，联盟注册企业 50 个、发布专利 157 个、发布创新项目 259 项、发布榜单和揭榜攻关共 81 次、在工匠讲堂上上传技术课件 386 个。

（三）开展“人人持证、技能河南”行动。2021年，市委、市政府办公室印发了《驻马店市高质量推进“人人持证、技能河南”建设工作方案》，明确了到2025年驻马店市“人人持证、技能河南”的工作目标，大力推进企业职业技能等级认定业务开展。目前，全市备案的能开展职业技能等级认定的企业和机构有278家，累计培训16.08万人次，累计新增技能人才15.44万人，其中新增高技能人才5.64万人。新蔡县总工会积极与新落户新蔡县的招商引资企业——河南乐居户外用品有限公司对接，了解到大量的人员需要技能培训。新蔡县总工会与企业协商签订职工技能培训协议，协调县人社部门推进企业建立自主评价体系，给予培训资金补贴，完成培训人数1600人次，新增技能人才1600人，其中600人取得职业资格双证书，新增高技能人才1051人。

（四）推进产教融合。成立产教融合工作促进委员会，组建首批22个以政府部门为牵头单位的产教融合战略联盟，覆盖智能制造、农产品加工、建筑、化工与新能源等22个产业大类、95个产教融合育人基地。黄淮学院与200多家企业、科研机构合作组建“合作发展联盟”；驻马店职业技术学院建成3个高水平专业化产教融合实训基地。

（五）拓宽产业工人发展通道。驻马店市各企业紧紧围绕“产业工人队伍建设提升年”活动，进一步深化技能人才评价制度改革。天方药业率先在全市推行技能人才评价试点工作，根据考评结果建立技能人才专家档案库；豫龙同力水泥有限公司建立技术人才晋升“双通道”，提升评定成功的技术人员的岗级；中集华骏车辆有限公司实行工作岗位分层分类管理，根据个人能力实行“管理线”和“专业线”并行的发展通道。

四、强化服务保障，健全产业工人权益保障机制

（一）拓展线上、线下服务。建立以市总工会微信平台为载体的网上三端融合项目，与市政务服务平台实现数据共享。推行“互联网+”普惠服

务，开展网上维权、就业培训、法律援助、心理咨询、婚恋交友等普惠服务。通过“豫工惠”App、河南职工服务平台，共上传注册企业5536家、提供工作岗位8669个。

（二）保障产业工人健康权益。全市有职工职业健康建档企业963家、建档职工10.3万人。每年开展防暑降温“送清凉”活动，慰问企业和工地200多个，惠及职工3万多人。市卫健体委对全市86家涉尘涉爆企业、21家涉氨制冷企业、92家涉及有限空间作业企业每年开展专项执法检查，从严管控风险，进一步维护广大产业工人的健康权益。

（三）规范农民工用工管理。市总工会联合市人社局在全市推行《劳动者权益保护告知书》《工会劳动法律监督意见书》《工会劳动法律监督建议书》和惩戒制度，建立重大侵害农民工权益案件移交转办制度和重大劳动人事争议案件联合调查制度，督促解决拖欠职工工资等问题；与法院联合下文，建立劳动争议诉前调解机制，有力地推动了农民工工资治欠保支工作。

下一步，驻马店市将以更大的力度、更实的措施，努力造就一支适应时代要求、有理想守信念、懂技术会创新、敢担当讲奉献、门类齐全、梯次合理的高素质产业工人队伍，打造驻马店高质量跨越发展的新优势。

以创新工作室联盟为抓手　助推企业高质量发展

中国中铁股份有限公司

编者按： 中国中铁股份有限公司扎实推进劳模和工匠人才工作室联盟建设，集聚创新资源，发挥集群效应，形成协同创新合力，在助力培养高素质产业工人队伍、推动企业高质量发展中发挥了重要作用。通过坚持“抓实组织领导、抓实规范创建、抓实联盟管理”，高起点创建创新工作室联盟；通过构建“学习交流、成果共享、多重激励”三项机制，高质量运行创新工作室联盟；聚焦“孵化一批创新成果，培养一批优秀人才，创造良好经济效益”三大目标，有效发挥创新工作室联盟的作用。

中国中铁股份有限公司（以下简称“中国中铁”）是国有特大型综合企业集团，年营业规模超 1 万亿元，拥有 54 家二级公司和 30 余万名员工，连续 16 年进入“世界 500 强”企业名单，2021 年排名第 35 位。近年来，中国中铁创建各类创新工作室 690 个，打造省级及以上创新工作室 91 个，吸纳 9000 余名员工通过创新工作室学习攻关。为集聚创新资源，发挥集群效应，形成协同创新合力，中国中铁扎实推进劳模和工匠人才工作室联盟建设，在助力培养高素质产业工人队伍、推动企业高质量发展中发挥了重要作用。

一、坚持“三个抓实”，高起点创建创新工作室联盟

（一）抓实组织领导。2021 年 4 月，在中国中铁被定为“创建劳模和工匠人才创新工作室联盟”试点单位后，公司立即将其列为“改革三年行动”重要内容，作为推进产业工人队伍建设改革走深走实的重要抓手。按

照试点工作要求，公司制定了《劳模创新工作室联盟试点工作实施方案》，建立了党委领导、行政支持、工会牵头、部门协作、劳模领衔、职工参与的工作机制，明确了路线图和时间表。各级工会分层、分级细化措施，加强组织领导，抓好任务落实，形成了上下联动、齐抓共管、协同推进的工作格局。

（二）抓实规范创建。一是严格建设标准。明确“八有”条件，即有创新团队、有场所设备、有攻关目标、有管理制度、有创新能力、有经费保障、有考核激励、有创新成果。二是扩大覆盖面。有序建立科技研发型、管理创新型、“五小”攻关型、项目党建型、海外经营型、农民工管理型 6 种类型的创新工作室。三是实行星级管理。构建了由股份公司牵头建设五星级创新工作室、二级公司牵头建设四星级创新工作室、三级公司牵头建设三星级创新工作室的管理体系。在联盟创建过程中，坚持以专业为依托，按照“创新领域相通、创新定位相同、创新目标相近、创新内容相关”的原则，分类组建跨单位、跨区域的专业性创新工作室联盟，并严格把好“成员关”“管理关”“考核关”“统筹关”。2021 年，先后组建桥梁、隧道、城轨、“四电”工程 4 个领域的创新工作室联盟，吸纳 34 家单位 161 个创新工作室加入。

（三）抓实联盟管理。一是完善管理制度。制定《创新工作室管理细则》《创新工作室联盟管理办法》，明确联盟定位、联盟宗旨、联盟方式，建立年度会议、学习培训、交流研讨、协作互助和经费管理制度，确定研讨创新方向、交流创新成果、培养优秀团队的联盟任务。二是规范联盟组建。指导联盟成立理事会，建立组织机构，制定联盟章程，明确联盟成员加入的程序和条件，明确联盟成员的权利和义务，并为联盟牵头人颁发聘书。创新工作室联盟实行轮流牵头负责制，每 3 年轮换一次。三是做好过程服务。按照“试点先行、全面实施、总结提高”的工作思路，加强分类组建、分类管理、分类推进。及时跟踪创新工作室联盟进展，对联盟立项课题进行深入调研和实践，对实用性强、效果好的创新成果进行评比。加强会前指导、过程参与、会后总结，公司领导全程参与联盟会议和活动。四是保障活动经费。联盟活动经费每年不少于 7 万元，由股份公司工会补助、联盟牵头单位工会补助和行政资助组成，经费专款专用，用于联盟日常的会议组织、研讨交流、学习培训。如果联盟开展专项技术交流和科技攻关活动，公司视情况另行给予一定的经费支持。

二、构建“三项机制”，高质量运行创新工作室联盟

（一）构建学习交流机制。一是召开年度联盟例会。联盟每年至少召开一次年度会议，总结安排年度工作，交流创新活动情况，举办专家技术讲座，推介展示创新成果。联盟牵头单位科技、生产管理部门参加并给予指导。二是进行日常线上交流。联盟内部通过微信群、论坛、视频会议，就某一课题开展线上研讨，或邀请专家授课、举办线上讲座，有针对性地开展学习交流。三是定期开展线下活动。依托“创新联盟大讲堂”“创新联盟万里行”“创新联盟大脑汇”“创新联盟评鉴团”等活动载体，定期开展技术培训、交流和研讨活动。隧道创新联盟围绕盾构机施工技术，开展盾构机掘进操作控制要点交流研讨和大盾构机施工现场观摩。桥梁创新联盟围绕桥梁建设，通过举办技术讲堂、桥梁技术论坛、创新成果评优会、“成果转化鉴赏行”等活动，从点到面在全系统内开展桥梁领域的各项创新创效活动。四是开展工作研讨。定期召开创新工作室联盟牵头人会议，围绕联盟建设组织 3 次研讨会，交流联盟工作情况，总结经验做法，查找分析不足，研究改进措施，实现联盟互学互鉴、互帮互助。

（二）构建成果共享机制。一是推动资源共享。开发建设“智汇未来·双创”共享云平台，探索建立创新成果数据库，提供创新创意项目申报、首创鉴定、价值评估、内部共享交易、专利服务以及应用推广等全套服务，为联盟搭建资源共享、交流服务平台。二是加强成果推介。开展优

秀创新成果推介交流活动，积极推荐联盟创新成果参加各类成果展。“四电”创新联盟的轨道交通机械装备——沙盘、桥梁创新联盟的3600吨起重船——“大桥海鸥”在中国中铁第六届科技创新大会展出时，受到参展者的一致好评。三是开展技术交流。围绕项目施工生产、关键技术“瓶颈”等问题，联盟及时组织开展交流研讨活动，共同解决难题。对联盟成员提出的问题、遇到的难题，其他成员根据自身所长及时提供参考意见或现场指导等。城轨创新联盟先后3次组织联盟成员到大瑞铁路、深圳地铁、重庆轻轨等重点项目，围绕软弱地层城轨修建技术、滨海区域复杂地质环境下土建工法技术、单轨及快线修建技术等前沿技术，开展现场观摩和交流研讨，与联盟内所有成员共同提高、共同发展。四是推进协同创新。鼓励联盟成员打破壁垒，强强联手，协同创新。“四电”创新联盟就数字轨道顶弯技术研发、信号系统的信标改造工程等开展联合攻关，其成果在工程项目里得到成功应用。

（三）构建多重激励机制。一是学习激励。优先安排联盟牵头人参加劳模先进培训研修活动，优先推荐联盟成员工作室骨干人员参加各类学习培训和交流研讨。二是推优激励。在向上级推荐和公司内部命名表彰示范性创新工作室时，优先征求联盟意见、优先考虑联盟成员工作室，并优先推荐联盟成员的创新成果参加各级职工优秀创新成果交流活动和申报公司科技进步奖、管理创新奖。三是荣誉激励。将联盟成员工作室牵头人优先列为中国中铁劳动模范、中国中铁工匠或更高荣誉推荐对象。对创效成果明显的联盟成员工作室的人员，优先评聘高级技师、特级技师和工匠技师。四是经费激励。定期评选星级创新工作室和优秀创新成果，对五星级创新工作室给予3万元经费奖励，对获奖的优秀创新成果给予5000~2万元奖励。同时，创新工作室联盟的共同成果和各成员工作室的独立成果，经评审验收后，按公司成果奖励、推广运用等有关政策奖励。

三、聚焦“三大目标”，全方位凸显创新工作室联盟作用

（一）孵化一批创新成果。发挥创新工作室联盟聚能、赋能作用，围绕生产一线难题联合攻关、集智创新，不断扩大创新成果。创新工作室联盟先后取得省级以上科技进步奖160余项、发明专利220余项、施工新型专利530余项、QC成果150余项、工法（工艺）成果170余项。隧道创新联盟的2项成果分获第六届全国职工优秀技术创新成果二等奖、优秀奖。

（二）培养一批优秀人才。发挥劳模工匠的示范引领作用，开展学习交流、技能培训、名师带徒活动，着力打造一支知识型、技术型、创新型产业工人队伍。创新工作室联盟围绕轨道BIM设计、内嵌式磁浮技术、桥梁临时结构检算以及接触网、供变电、通信信号等专业技术，先后开展各层次培训1300余次，培养出技师170余人、高级技师130余人，省级工匠16人、劳模先进75人。

（三）创造良好经济效益。发挥创新工作室联盟“联合作战”能力，通过资源整合和协同创新，逐步形成了“创意变项目、项目变成果、成果变效益”的创新工作链。联盟成员先后完成技术攻关课题770余项，解决生产难题860余个，为企业创造直接经济效益数亿元，在推动企业高质量发展中彰显了联盟价值。

创新引领发展　联盟凝聚力量
以创新工作室联盟打造企业高质量发展新引擎

中国中铁二院

编者按：中国中铁二院将劳模（大师、专家）创新工作室作为激发企业创新活力、汲取原生动力、实现创新创效的重要平台和有效载体，由张海波地铁创新工作室牵头，率先组建了中国中铁城市轨道交通劳模创新工作室联盟，通过严格制度、规范运行、丰富载体，积极探索创新工作室联盟从高速度发展向高质量发展、从单一提升向联盟共享、从专业塑造向全产业链打造的升级转型。

作为国内大型工程综合勘察设计企业和科技创新急先锋，中国中铁二院（以下简称“中铁二院”）一直将劳模（大师、专家）创新工作室作为激发企业创新活力、汲取原生动力、实现创新创效的重要平台和有效载体，并在中国中铁股份有限公司的部署下，由张海波地铁创新工作室牵头，率先组建了中国中铁城市轨道交通劳模创新工作室联盟（以下简称“城轨创新联盟”），为企业和行业高质量发展注入强劲动力。

一、基本情况

2019 年，在由中铁二院牵头承办的中国中铁劳模（专家型职工）创新工作室建设推进会上，中铁二院张海波地铁创新工作室率先被授牌为中铁城轨创新联盟牵头工作室。

从 2020 年开始，中国中铁股份有限公司先后在中铁二院召开了劳模创新工作室联盟座谈会、城轨创新联盟年度会等重要会议，成立城轨创新联盟理事会和秘书处，首批汇聚系统内31家与城轨建设关联的优质创新工作室，吸引700余名行业精英和技术骨干加入，研究范围涵盖规划设计、投资开发、装备制造、施工建设、生态环保等各相关领域，有力促进创新工作室联盟从高速度发展向高质量发展、从单一提升向联盟共享、从专业塑造向全产业链打造的升级转型。

二、经验做法

（一）严格制度，细耕创新“责任田”。制度建设是高效运行的前提。中铁二院工会先后制定了《创新联盟章程》《创新联盟组织架构设置》等10余项制度，确定了创新工作室联盟吸纳引进、学习交流、研讨培训、活动开展、课题立项及推进、经费使用、奖惩激励等相关管理制度，并先后举行了揭牌仪式、前沿科技沙龙、建设现场观摩等活动，分别在成都、深圳、重庆等地围绕软弱地层城轨修建技术、滨海区域复杂地质环境下土建工法技术等前沿技术开展交流，并在成都地铁18号线、深圳地铁13号线、重庆轻轨较新线等工程现场进行观摩研讨，工会组织全程参与，不断做实联盟创建品牌。

（二）规范运行，打造创新“升级版”。一是在联盟组建方面，遵循“自愿平等、分类推进、成果共享、规范管理”原则，创新工作室联盟可由工会直接指定成立，或由专业相近、自愿结合的创新工作室自荐申请，经审批后成立。二是在联盟任务方面，紧紧围绕企业生产经营、改革管理重点工作，积极组织开展学习培训、交流研讨、互助服务、评审鉴定、科技攻关等活动，以促进创新人才培养、分享创新工作经验、攻克关键技术难题。三是在联盟成员吸纳方面，确定了加入条件和联盟成员的权利义务，加大联盟相关制度落实，保证创新工作室联盟的有效运转。四是在联盟创建方面，对联盟成员严格进行“五关”把控，切实在“八有”的基础上，做到攻破壁垒、互助合作、成果共享、合作共赢。五是在联盟成员评价方面，建立了包含基础建设、人才培养、技术攻关、创新实绩等在内的多维度评价体系，从工作室自身建设、联盟创建贡献度和联盟活动举办等多个维度进行评价，构建了科学有效的全面评价体系。

（三）丰富载体，激活创新“动力源”。一是开办“创新联盟大讲堂”。主要由劳模、大师、专家领衔，着重以学习培训和交流研讨活动为主体，参与交流的人员范围不局限于创新工作室或创新工作室联盟内部人员，也进一步延伸至政府机关、规划部门、业主单位等相关人员，以此加强交流、扩大影响。二是开展“创新联盟万里行”。重点针对行业前沿科技领域开展各类实地调研考察，打通行业领域限制，构建全流程、全要素、全方位、全生命周期的创新运行机制。三是创建“创新联盟宣传栏”。通过联盟微信群、各成员单位官网等途径，以网络、数字媒体、刊物等为载体，发布联盟科技创新、培训调研、产品研发等重要信息，加大信息流通和影响辐射。四是组织“创新联盟大脑汇”。开展头脑风暴，积极组织科技攻关活动，开展答疑、指导等互助服务活动，打破行政划分和专业设置壁垒，形成共建、共创、共享的良好运行机制。五是设立“创新联盟评鉴推优堂”。开展成果推荐、评审、鉴定等活动，推荐表彰优秀工作室、优秀成果和优秀职工创新人才，推动“五小”成果发布和成果转化，为创新成果和创新人才的培育创造良好条件。

三、取得成效

近年来，城轨创新联盟各成员工作室先后开展培训交流逾 600 次，发表高水平论文 500 余篇，取得发明专利及实用新型专利近 800 项，上百人完成职务、职称晋升，承担各类科研项目 400 余项，在软弱地层城轨修建技术、单轨及快线修建技术、新制式轨道交通研究等领域取得突破性进展，擦亮了创新工作室联盟品牌，为企业和行业改革创新和高质量发展贡献了智慧和力量。

建立健全技能导向激励机制
打通产业工人队伍建设改革“最后一公里”

陕西法士特汽车传动集团公司

编者按：陕西法士特汽车传动集团公司认真贯彻落实产业工人队伍建设改革各项政策要求，通过在分配方式中增加技能要素，强化工资收入分配的技能价值激励导向，充分释放全员技能成才的热情；通过对技能人才进行有针对性的快速培养，为企业高质量发展提供了必要的人才保障，也使员工充分享受到产业工人队伍建设改革政策的红利；通过畅通发展通道，激发全员技能成才的积极性，搭建良好平台鼓励技能人才建功立业；通过提高高技能领军人才的待遇和地位，鼓励员工崇尚技能、争当工匠，带动更多的产业工人立足岗位、苦练本领、创新创造，争做新时代的奋斗者。

陕西法士特汽车传动集团公司（以下简称“法士特集团”）是始建于1968年的“老三线、老军工、老国企”，现已成长为我国最大的以重型汽车变速器，汽车齿轮及其锻件、铸件为主要产品的专业化生产企业和出口基地，各项经营指标连续19年名列中国齿轮行业第一，其重型汽车变速器产销量为世界第一。法士特集团始终以习近平总书记关于产业工人队伍建设改革的重要指示精神为指引，将“建立健全技能导向激励机制”作为改革重点，持续优化产业工人技能激励机制，打通成长通道，完善培养体系，搭建技能创新平台，着力打造一支有理想守信念、懂技术会创新、敢担当讲奉献的产业工人队伍。

一、构建“五星级员工”技能晋升评价体系

制定完善产业工人星级技能评价标准，明确一星级员工到五星级员工相应的技能要求，构建特色鲜明、涵盖十大核心工种、符合生产需要的技能等级自主评价体系。每年开展评定，特别是对在岗的技师、高级技师以及“法士特工匠”等高技能人才实行考评聘用制，并动态调整星级，打破技能等级“终身制”，打通从初级工、中级工、高级工、技师、高级技师直至“法士特工匠”的星级技能成长通道。将员工技能水平与薪酬等级挂钩，给一星级员工到五星级员工对应设置200~2000元逐级递增的技能等级月度津贴，强化工资收入分配的技能价值激励导向。大力推广职工创新成果并进行奖励，命名了“周旗摩擦环碳布自动粘接机”和“付芳红剃刀刃磨精准调整法”等创新成果，对创新成果最高奖励30万元，极大地激发了职工的创新热情。自2021年以来，实现星级晋升的员工有1058人，完成创新项目13700余项，为企业有效降本7200余万元，培养各级工匠人才13人、“全国五一劳动奖章”获得者2人、“陕西省五一劳动奖章”获得者6人，获省级职工优秀创新成果奖4项、陕西省职工先进操作（工作）法1项。

二、优化技能人才培养模式

不断探索企校合作新模式，以企校双师带徒、工学交替培养为主要方式的新型学徒制模式将院校优势师资资源与企业特色培训资源互补，结合实际合作开发适合在岗技术工人学习的特色理论课程和实操课程，并按照徒弟获得的等级水平给予师傅相应的带徒奖励，为企业培养具有系统理论知识和丰富实践经验的高水平产业工人队伍打下了基础。试点工作开展以来，通过新型学徒制培养了高级工911人、中级工656人。积极适应企业数字化转型技能人才培养规划要求，构建智能制造产业工人任职资格标准体系，选拔1143名核心技能人员作为重点培养对象，实施集团公司“蓄能

行动”数字化转型培养计划，培养了一批多元化、复合型技能人才，为集团公司智能化新工厂和新改造的智能化生产线输送近 300 名智能制造领域专业人员，实现产业工人队伍由传统生产操作型逐步向智能制造复合型转变，为企业转型升级做好人才储备。

三、激发职工的劳动热情和创造活力

充分发挥高技能人才的引领作用，开展“名师带徒”活动，定期组织“法士特工匠”、高级技师等高技能人才开展理论、实操培训。充分发挥技能大师工作室、劳模创新工作室的平台优势，成立技能大师工作室分站，协同高技能人才进行技术改进和技术创新。充分发挥比武竞赛激励作用，积极参与承办上级各类竞赛活动，广泛开展公司内部各类技术比武活动，实现比武竞赛不间断、切磋技艺常态化，营造“比学赶帮超”良好氛围。自 2021 年以来，承办陕西省机械冶金建材工会“法士特杯”职工职业技能竞赛、第七届全国职工职业技能大赛工业机器人赛项陕西省选拔赛等各类大赛，并选拔三星级以上员工中的优秀高技能人员参加第七届全国职工职业技能大赛决赛和第九届全国数控技能大赛决赛。员工义锐在第九届全国数控技能大赛决赛和第七届全国职工职业技能大赛决赛中均获得大赛二等奖；员工义锐、李朋所在参赛小组取得第九届全国数控技能大赛决赛数控机床智能化升级改造赛项第八名的历史最好成绩。通过各类竞赛活动，培养省、市“技术能手”20 人、首席技师 6 人。

四、营造崇尚技能的良好氛围

集团公司通过各种途径提高产业工人特别是高技能领军人才的政治待遇和社会地位，通过工会会员代表大会选举“全国五一劳动奖章”获得者、“法士特工匠”、高级技师李锋担任法士特集团公司工会副主席。在集团公司职工代表大会中，将产业工人代表的比例增加到 33.7%，真正实现厂务公开、业务公开，并在作重大决策时积极听取一线产业工人代表的意见和建议，确保涉及产业工人切身利益的重大问题经过职代会讨论、审议并得到有效解决。集团公司将每年5月确定为“先模宣传月”，聚焦工匠劳模，举办先模事迹报告会、劳模工匠座谈会，并在内网、微信公众号等新媒体平台和厂电视台、厂报等传统媒体的专题、专栏里大力宣传劳模精神、劳动精神、工匠精神，形成学习劳模、崇尚技能、创先争优的浓厚氛围。

构建技能评价体系　推动航天强国建设

中国航天科技集团有限公司第七研究院

编者按：中国航天科技集团有限公司第七研究院大力弘扬劳模精神、劳动精神、工匠精神，改革完善技能人才评价制度，引领技能人员按梯次成长，为航天强国建设培养造就一批技能生力军，有力推动科研生产任务的圆满完成。通过实施“英才工程”、评选“突出贡献奖”等重奖激励，让典型人才领跑技能队伍；通过建设创新工作室、建设新时代工匠学院、抓好班组建设，让优秀人才发挥集群作用；通过畅通技能晋级评定通道、架设技能人才多渠道成长通道，让技能人员普遍跟进成长。

中国航天科技集团有限公司第七研究院（以下简称“航天七院”）是我国航天事业和国防现代化建设中的重要力量，承担载人航天、探月工程、战略战术宇航等国家重大任务的研发生产工作，下辖企事业单位 27 家，现有职工 1.8 万余人，其中技术工人 8300 余人、高技能人才 2800 余人。近年来，航天七院认真贯彻落实习近平总书记关于产业工人队伍建设改革的重要指示精神和《新时期产业工人队伍建设改革方案》部署，大力弘扬劳模精神、劳动精神、工匠精神，通过重奖激励、搭建平台、架设通道，改革完善技能人才评价制度，引领技能人员按梯次成长，为航天强国建设培养造就一批技能生力军，有力推动科研生产任务的圆满完成。

一、重奖激励，让典型人才领跑技能队伍

（一）实施“英才工程”。制定《关于深入推进人才强企业战略，进一步加强人才队伍建设的指导意见》，出台“英才工程”实施方案，简称

“1155”人才工程计划，为科技、技能、管理、青年拔尖人才 4 类人员设立激励奖项，计划利用 5 年时间，评选 100 名科技英才、100 名技能英才、50 名管理英才、50 名青年拔尖人才，带动各类人才全面发展。其中，对技能英才的选拔，分为 A、B、C 三个层次，分别给予 50 万元、20 万元、10 万元奖励。这个工程自 2019 年启动评选工作以来，已评选技能英才 35 人，累计发放奖金 560 万元。

（二）评选“突出贡献奖”。每年面向科研生产一线开展“四川航天贡献奖”评选，在年度工作会上集中表彰，并给予每人 2 万 ~3 万元奖励，已先后有 14 名技能人才获奖，占获奖人数的 20% 以上。积极推荐优秀技能人才参加“集团公司航天贡献奖”和“中国航天基金会奖”评选，已先后有 13 人获奖。推荐优秀技能人才参评省部级荣誉，近两年有 1 人获“全国五一劳动奖章”、5 人获“四川省五一劳动奖章”、2 人获“四川工匠”称号。

二、搭建平台，让优秀人才发挥集群作用

（一）建设创新工作室。建设劳模和工匠人才创新工作室、技能大师工作室，发挥高技能人才集群优势，产生集聚、辐射和引领效应。目前，全院建有院及以上劳模和工匠人才创新工作室 11 个、技能大师工作室 14 个，每年度给予工作室 2 万 ~10 万元的建设经费，开展攻关创新、技能培训、技能“传帮带”、技能大讲堂、创新成果展评等活动。2021 年，参与技术创新、技术攻关的职工达 4523 人次，取得创新成果 916 个；开展技能培训 968 场次，22653 人次参与；开展技能交流和技能“传帮带”活动 253 场次，3504 人次参与，创造经济效益 5117 万元。

（二）建设新时代工匠学院。明确“工匠人才培养基地、技能人才提升成长高地、关重疑难技术攻坚阵地”的建设目标，组建了焊接、钳工、数控、装配 4 个院区专业技术委员会，汇聚了近 100 名高技能人才，举办了

1 期焊接专业技术培训班，选派了 50 多名高技能人才参加新时代工匠学院在全国各地举办的技能培训与交流活动；开展工匠人才选树，有 88 人次分别获得省、市、区级工匠荣誉；发挥工匠人才集智攻关作用，成立“工匠联盟”，推动“瓶颈”和关键技术问题解决。

（三）抓好班组建设。创建“读书会”“实操演习”“技师讲坛”“质量论坛”等学习交流平台，着力打造“基础管理好、质量安全好、成本控制好、任务完成好、攻关创新好、团队建设好”的“六好”班组。选拔 298 名高技能人才担任班组长，培育高技能人才担纲的品牌班组和命名班组。692 厂的“杨尹渝班组”获中国国防邮电工会命名，2 个班组获评“中央企业先进集体”和“学习型红旗班组”，78 个班组分获集团公司“航天金牌班组”和“六好”班组，139 个班组分获院“红旗班组”和“金牌班组”。

三、架设通道，让技能人员普遍跟进成长

（一）畅通技能晋级评定通道。建立“初级工—中级工—高级工—技师—高级技师—特级技师—首席技师”职业资格等级发展序列，“‘四川航天技术能手’—‘四川航天技能大奖’获得者—集团公司‘航天技术能手’—集团公司‘航天技能大奖’获得者—‘全国技术能手’—‘中华技能大奖’获得者”技能专家发展序列，打破技能人才成长“天花板”，每年参加考试和评定的晋级人数达 600 人以上。建立技能导向薪酬激励机制，技能晋级人员的薪酬直接与岗位系数挂钩，每月除发放一定额度的固定津贴、补贴外，工资上浮 200~700 元。开展院级和集团公司级技能专家推荐评定，全院有“中华技能大奖”获得者 1 人、“全国技术能手”15 人、“航天技能大奖”获得者 10 人、“航天技术能手”5 人，有 200 余人被评为“四川航天技术能手”，他们均被纳入技能专家库进行建档管理。

（二）架设技能人才多渠道成长通道。完善制度建设，院级制定了《人才队伍建设“十四五”发展规划》《技能专家管理办法》《职业技能等级认

定管理办法》《职业技能竞赛实施办法》《骨干人才激励工作实施意见》，厂（所、公司）级制定了《首席技师管理办法》《师带徒管理办法》《技能人员岗位薪酬管理办法》等制度。搭建技能竞赛和技术比武平台，每年组织开展全员参与的主题岗位建功活动。2021 年举办技能竞赛 200 余场次，4400 余人次参与；举办技术比武 204 场次，4405 人次参与。选拔了 50 余名高技能人才参加省级和全国技能大赛。建立转岗晋升机制，先后有 122 名技能人员转岗到工艺、生产管理等岗位。“十三五”期间，技能人才队伍结构不断优化，12% 的技能人才取得了技师以上职业资格，技能人才中技师及以上技能等级人员增加了 2.7%。

打造技能人才成长阵地　助力企业高质量发展

西安航天动力机械有限公司

编者按：西安航天动力机械有限公司建立“1个梯队、4个平台、3种激励”的技能人才培养机制，即通过总结推广职工先进操作法、广泛深入开展师带徒培训，打造1个高质量人才梯队；完善技能大师工作室平台、技术比武活动平台、技师协会攻关平台、主人翁作用发挥平台4个平台；完善思想政治教育激发奋斗动能、提高薪酬福利待遇水平保障物质激励、培养选树优秀技能人才强化荣誉激励3种激励机制，使得技能人才迅速成长、队伍不断壮大，为企业高质量发展提供重要人才支撑。

西安航天动力机械有限公司主要承担国家固体火箭发动机金属壳体的研制和生产任务，现有职工1300多人，其中技能人员850多人。近年来，公司认真落实产业工人队伍建设改革试点工作要求，通过建立“1个梯队、4个平台、3种激励”的技能人才培养机制，使得技能人才队伍迅速成长、不断壮大，为企业高质量发展提供重要人才支撑。

一、实施高技能人才接力工程，打造一个高质量人才梯队

（一）总结推广职工先进操作法。总结高技能人才在科研生产实践中创造积累的先进加工技术，组织青年技能人才开展技能论文征集评选，将“绝技绝招”总结提炼成操作法并命名推广。目前《步步为赢操作法》《红黄绿质量控制操作法》《攻丝技术革新》3项操作法获评“陕西省职工先进操作法”。

（二）广泛深入开展师带徒培养。持续推动技能人才入职阶段“1带1”

（在岗位适应期内由专人带领学习），成长阶段“N 对 1”（在能力拓展期内，根据生产任务特点，车间、技能大师工作室、职工创新工作室对员工进行联合培养），成才阶段“1 对 N”（在骨干培养期内，由其负责部分生产任务攻关和新员工某一阶段的培训，锻炼其攻坚攻关能力和团队建设能力）的富有公司特色的师带徒工作，培养了一批解决实际问题能力强、技术革新水平高的优秀青年技能人才。截至 2021 年底，公司拥有技能人才 742 人，其中特级技师 10 人、高级技师 46 人、技师 212 人、高级工 364 人，高技能人才占比达 85.2%。

二、完善技能人员素质提升四大平台，充分发挥人才效能

（一）升级技能大师工作室平台。建立大师工作室考核评价升级机制，以公司专业结构、技能人才培养为方向，分别建立机械加工、焊接、旋压、热处理等领域的大师工作室，制定了公司级、集团级、省级和国家级大师工作室创建的奖励制度，分别给予 5 万 ~30 万元不同档次的奖励。目前，公司建立了以焊工高级技师罗海波、数控加工高级技师贾王斌、热处理高级技师丁勇伟、旋压高级技师杨建峰为带头人的 4 个公司级技能大师工作室，并先后获批了庞勇国家级技能大师工作室、范新阳航天科技集团级技能大师工作室、2 个陕西省技能大师工作室、1 个陕西省示范性劳模和工匠人才创新工作室、1 个陕西省国防职工创新工作室，实现了技能大师工作室的不断升级和技能人才培养梯队建设。

（二）夯实技术比武活动平台。公司每年组织职工技术比武，分层次、分级别建立技术比武机制，依次组织开展班组级、车间级、公司级技能比赛，选拔组队参加各类上级技术比武，同时对技术比武优胜个人，除给予物质和精神奖励外，在技师评聘多元化评价中直接加分，先后有 8 人因参加上级技术比武分别晋级高级技师、技师，10 余人次获得“陕西省技术能手”“集团公司技术能手”“陕西省国防技术能手”称号。

（三）抓牢技师协会攻关平台。根据生产车间的攻关需求确立攻关课题，由相关工种技能团队认领，聘请公司级及以上专家指导。每年启动一次攻关活动，侧重解决生产实际中的效率“瓶颈”问题、质量“瓶颈”问题。通过此项工作，突破了以大直径薄壁壳体加工为代表的技术“瓶颈”和以多型号同频生产为代表的生产难关共计 40 余项，7 人次在公司年度工作会上受到表彰奖励，1 项成果获首届国防邮电产业职工优秀技术创新成果二等奖，1 项成果获陕西省职工科技节金奖。

（四）拓展主人翁作用发挥平台。2020 年，公司启动“我是主人我当家”专项工作，由技能人才提出在生产过程中发现的问题，班组、车间、职能部门共同解决，工会全程跟踪监督。截至 2021 年底，累计收到反馈的与生产密切相关的问题 779 条，涵盖环境改善、安全性能提升、流程改进、采购质量等多个方面，整改完成率达 84%。

三、完善三种激励机制，让主力军作用充分彰显

（一）抓好思想政治教育，激发奋斗动能。以“形势任务教育”和“两长五大员能力提升”活动为抓手，通过“党委委员联车间进班组”“班组长讲形势任务”“班组长主题论坛”“安全质量大讨论”等形式，在班组一级扎实开展形势任务宣讲、政治理论学习，做到组织动员到班组、思想引领到全员。宣教工作贯穿全年、覆盖全员，将技能人才的思想统一到贯彻落实“价值创造”和“岗位效能提升”工作中，让航天报国的情怀和担当在每一位职工身上闪光。

（二）提升薪酬福利待遇水平，保障物质激励。积极推进薪酬分配制度改革，出台多项对骨干人才的激励措施。例如，将工资总额增加的一部分按 60% 单列，为各工种骨干人才、功勋人员发放专项津贴，实现“多劳者多得、技高者多得”。组织开展全员体检、特殊工种体检、劳模先进体检及疗休养活动，持续做好技能人才的健康管理。开展“美丽工厂”建设，改

造升级厂房油烟净化系统、卫生系统、防暑降温和饮用水设施，提升焊工等特殊工种工服的舒适度等，让职工体面劳动、舒心工作。

（三）培养选树优秀技能人才，强化荣誉激励。将发挥先进模范的示范引领作用作为激励职工的一项重要工作，建成年度公司级劳动模范、先进生产者评选，季度劳动竞赛优胜个人评选，月度价值创造实践者、最美奋斗者、工匠之星、创新之星评选的选树工作体系，以“全国劳动模范”庞勇、“全国五一劳动奖章”获得者范新阳为代表的高层次技能人才不断涌现。目前，公司拥有享受“国务院政府特殊津贴”人员 2 名、“全国技术能手”6 名、“航天技术能手”13 名、“中青年技能接班人”13 名、“陕西省技术能手”6 名、“陕西省首席技师”3 名、“三秦工匠”1 名，并有 30 余人次获陕西省、集团公司及西安市各项荣誉称号，24 人获得“航天贡献奖”“航天基金奖”和四院“突出贡献奖”等奖励。

下篇

各地试点案例

锚定主业　突出特色
稳步推进产业工人队伍建设改革工作

北京经济技术开发区推进产业工人队伍建设改革协调小组

编者按：北京经济技术开发区作为北京市产业工人队伍建设改革工作全面试点单位，聚焦经济技术开发区国际科创中心“三城一区”主平台和“四区一阵地”城市功能定位，以改革试点为抓手，不断强化思想政治引领，筑牢产业工人信念根基；积极搭建技能竞赛平台，提升产业工人技术技能水平；努力创新教育培训方法，提高产业工人综合素质；大力创建技术创新体系，培育和弘扬工匠精神；着力建立民主协商机制，保障产业工人主人翁地位，稳步推进产业工人队伍建设改革工作，为经济技术开发区高质量发展提供强大的人才保障。

北京经济技术开发区（以下简称“经开区”）坚持以习近平新时代中国特色社会主义思想为指导，深入贯彻落实《新时期产业工人队伍建设改革方案》，聚焦经开区国际科创中心“三城一区”主平台和“四区一阵地”城市功能定位，按照“政治上保证、制度上落实、素质上提高、权益上维护”的总体思路，以改革试点为抓手，围绕加强和改进产业工人队伍思想政治引领、技能竞赛、素质提升、技术创新和地位提高5个方面，努力造就一支有理想守信念、懂技术会创新、敢担当讲奉献的产业工人队伍，为经开区高质量发展提供强大的人才保障。

一、强化思想政治引领，筑牢产业工人信念根基

积极探索加强和改进新时代产业工人思想政治工作的新方法、新途径，

以庆祝建党 100 周年为契机，广泛开展“奋斗百年路　启航新征程”“永远跟党走”“党旗在基层一线高高飘扬”等群众性主题宣传教育活动；隆重召开经开区“最美·亦度”模范先进人物表彰大会，组建劳模工匠特色宣讲团，在企业、车间、学校、社区广泛开展“永远跟党走　亦城铸匠心”劳模工匠主题宣讲；从产业工人的思想状况和精神文化需求等方面入手，开展线上、线下融合，形式多样的思想政治教育活动，注重非公企业的产业工人思想政治教育工作，团结引领产业工人坚定不移听党话、跟党走。

二、搭建技能竞赛平台，提升产业工人技术技能水平

建立以企业岗位练兵和技术比武为基础、以国家和行业职业技能竞赛为主体、国内竞赛与国际竞赛项目衔接的劳动和技能竞赛机制，结合经开区经济发展、企业良性发展、职工自身发展需求，全方位打造经开区终身职业技能培训体系。制定《职业技能竞赛实施方案》，组织开展机器人技术应用、生物医药、电子信息等高精尖产业（行业）领域的系列职业技能竞赛，把争当“岗位技术标兵”“行业技术能手”的竞赛项目种类、标准、方法与职业技能等级培训考核相衔接，培育具有工艺专长、掌握高超技能、作出突出贡献的产业工人队伍。近年来，经开区累计开展技能竞赛活动 431 场，参与职工达 66509 人次。

三、创新教育培训方法，提高产业工人综合素质

建立技能人才助推制度，制定经开区《在职职工职业发展助推计划实施方案》，加大产业工人职业发展助推力度。依托教育服务基地和工会服务站开办职工夜校，引导职工利用业余时间提升综合素质，有效缓解工学矛盾。职工夜校自开办以来，共开设了 114 门课程，累计培训职工 76199 人次，得到了企业和职工的积极参与和广泛好评。依托北京知金教育学习中心和北京长城研修学院的远程教育资源，引进北京理工大学、南开大学等

多所知名高校为职工提供高起专、专升本、本升研等学历提升服务。把产业工人素质提升与职业规划紧密结合起来，为产业工人提供标准化的在线网络交互学习服务，全面提升产业工人的学历水平和综合素质，拓宽产业工人的成长成才空间。

四、创建技术创新体系，培育和弘扬工匠精神

深化职工（劳模）创新工作室创建活动，制定经开区《职工技术创新助推实施方案》，充分发挥创新工作室技能人才集聚优势，建立常态化技能提升工作机制，从工艺攻关、项目攻关、发明创造、解决生产技术难题入手，通过技术交流、技艺传承、技能推广、带徒传技等活动，促进职工掌握新技术、新技能、新工艺，推动企业自主创新、原始创新、集成创新，进一步增强制造业的技术创新能力。搭建工匠精神传承平台，制定经开区《“亦城工匠”培养认定管理办法》，以打造高新技术产业和先进制造业基地为核心，以培育和弘扬工匠精神为抓手，以建设一支适应高新技术制造业和高端产业发展需求的技能人才队伍为目标，推动企业创新发展。

五、建立民主协商机制，保障产业工人主人翁地位

注重把劳模工匠、技术能手等优秀产业工人吸收到党组织中来，提高产业工人党员比例。增加产业工人特别是技术工人在各级各类劳动模范和先进代表评选中的名额比例，发挥产业工人主力军作用。加强职代会制度化、规范化建设，落实职工群众的知情权、参与权、表达权、监督权，真正确立产业工人的主体地位，让企业职代会制度成为维护职工民主政治权益的重要实现形式，保障产业工人的政治地位。构建以平等协商和集体合同制度为基本形式的经济权益保障制度体系，有效维护职工就业安置、职业培训、工资报酬、安全生产、社会保障等劳动经济权益。

作为北京市产业工人队伍建设改革工作全面试点单位，经开区将把握

好方向、弘扬好精神、选树好标杆、运用好政策，积极推进各项任务落地见效，加强经验总结推广，推进产业工人队伍建设改革不断深入，全力推动升级版经开区和亦庄新城高质量发展。

立足企业实际　聚焦职工需求
扎实推动产业工人队伍建设改革工作向纵深发展

北京公交集团

编者按：北京公交集团围绕企业实际和职工需求，以推进职工创新成果应用转化工作为牵引，从提高政治站位、加强职工思想政治引领、提升职工技能水平、引领职工积极建功立业、健全保障机制、维护职工合法权益等方面扎实推动产业工人队伍建设改革向纵深发展。不断总结经验，通过有效整合资源、搭建成长平台、创新工作方式、健全激励机制、加大宣传力度等，推动产业工人队伍建设改革工作再上新台阶。

北京公交集团是以经营地面公共交通客运为主业，集城市客运、公交旅游、广告传媒、汽车销售、汽车租赁业务为一体的市属国有企业，共有员工9.21万人、在册运营车辆23948辆、常规运营线路1207条、多样化线路535条，还运营着2条现代有轨电车线路，年客运量18.26亿人次，年总行程10.68亿千米，在北京城市公共交通发展中发挥着主导作用。近年来，北京公交集团围绕企业实际和职工需求，以推进职工创新成果应用转化工作为牵引，从思想政治引领、建功立业和权益维护等方面扎实推动产业工人队伍建设改革向纵深发展。

一、提高政治站位，加强职工思想政治引领

北京公交集团用习近平新时代中国特色社会主义思想教育广大职工，深化“中国梦·劳动美”主题宣传教育，引导广大职工增强“四个意识”，坚定“四个自信”，做到“两个维护”，坚定不移听党话、跟党走。组建劳

模宣讲团，综合运用传统媒体和新兴媒体，讲好先进典型的小故事，唱响劳动光荣、工人伟大的时代主旋律。持续开展有特色、接地气的宣讲活动，把“课堂式”宣讲转变为“轻骑兵”传播，把“大学习”课堂搬到工厂车间、生产一线，近年来组织劳模线下宣讲活动2000场次、线上宣讲活动600期，参与的市民和职工超过60万人次。2021年探索组建京津冀公交劳模宣讲团，在北京、天津、石家庄3个城市的公交企业的5个基层场站和延庆、门头沟、房山等偏远山区车队、车间里开展劳模精神“传帮带”活动，掀起了学习劳模、追赶先进、争做模范的新高潮。

二、提升技能水平，引领职工积极建功立业

紧贴职工需求，制定《北京公交集团职工技能提升实施方案》，开展职业化能力和职业技能提升培训，形成了以国家级高技能人才培训基地为抓手、以岗位技能培训为基础、以技能竞赛和技能等级鉴定为手段、以职工创新工作室为典范的多元化技能人才培养模式。依托职工创新工作室，广泛开展技术革新、技术协作、发明创造、合理化建议以及“五小”创新活动，注重培养产业工人的创新能力，营造鼓励产业工人创新创效的氛围。2021年5月，开展北京公交集团首届职工创新成果大赛，运用微信公众号等新媒体手段，征集到569项创新创意成果。历经4场初赛、1场复赛、1场决赛，通过选手演示、网络投票、现场投票及专家评审4个环节，最终15个创新成果脱颖而出。对于创新成果，分别给予1万~10万元的创新奖励，激发职工创新创造的热情，为企业发展增添动能。

三、健全保障机制，维护职工合法权益

强化产业工人的主人翁地位，提高工会组织中职工代表的比例，将会员代表大会中劳模先进和基层一线职工比例由原来的不低于50%提高到70%；委员、常委中劳模先进和基层一线职工比例由原来的适当要求分别

提高到40%、20%以上，各级工会都选举一线职工担任本单位工会兼职副主席。通过座谈会、热线电话、电子信箱、调查问卷、微信群等形式，畅通职工利益诉求表达渠道；在制定涉及职工利益的重大决策时，主动调研并让职工表达意愿。坚持以职工为中心推进“职工之家”“心灵驿站”实体化建设，为职工配备躺椅、按摩椅和“胶囊小屋”等设备，丰富服务内容，让职工在停车休息间隙缓解疲劳。制定EAP心理健康服务培训方案，开展驾驶员心理健康测试，有效帮助一线员工释放压力、缓解情绪。目前，北京公交集团已建174个“职工之家”、80个“心灵驿站”，服务阵地得到进一步强化。

四、推动创新创效，助力职工创新成果应用转化

作为北京市产业工人队伍建设改革项目试点单位，北京公交集团贯彻落实相关文件精神，积极争取市交通运输工会的指导和支持，及时成立以集团公司工会主席为组长，集团公司工会副主席、二级单位工会主席为副组长的领导小组，协调各相关部门召开专题会，研究制定《职工创新成果应用转化助推工作实施方案》，将职工创新成果应用转化试点工作细化为组织立项、孵化培育、试点推广、总结改进4个阶段。建立三级保障体系：基层单位广泛号召、动员职工，提供创新便利条件，定期采集相关数据；二级单位深挖创新成果价值，制定成果目标定位，组织专家定向指导；集团公司邀请专家评审立项，定期查找问题与不足，提供政策资金支持，确保职工创新成果应用转化工作顺利实施，为北京公交集团高质量发展作出积极贡献。

五、不断总结经验，推动产业工人队伍建设改革工作再上新台阶

（一）围绕企业发展，有效整合资源。产业工人队伍建设改革应紧紧围绕企业发展大局推进，畅通工会与专业部门横向沟通渠道，整合相关资源，

与各专业系统紧密配合、同向发力，提升产业工人队伍建设改革工作的针对性和实效性。

（二）立足职工需求，搭建成长平台。围绕职工技能水平提升需求，分层次组织技能比赛，广泛开展北京公交集团“工匠杯”技能大赛。强化技能竞赛的培训功能，鼓励劳模和工匠进行“传帮带”，促进职工之间相互学习、共同提高。

（三）创新工作方式，丰富形式载体。运用移动互联网信息技术，建成北京公交集团网页版“职工之家”，开通微信版“职工之家”，开展问卷调研、练兵比武等活动，为职工网上参与活动提供新渠道。

（四）拓展职业空间，健全激励机制。针对优秀高技能人才设立“公交特级技师”“首席技师”等技能等级；对参加技能大赛取得优异成绩的选手，核发“企业认定证书”，并提供相应薪酬待遇，调动职工爱岗敬业的积极性。

（五）加大宣传力度，营造浓厚氛围。坚持线上、线下“两手抓”：线上宣传注重实效性和扩散性，利用“两微一端”，让更多职工了解并积极参与进来；线下宣传注重亲和力与感染力，依托不同层次、不同类别的宣讲队伍，主动到职工身边去，通过职工身边人讲身边事儿，让职工听得进、能领会、可落实，激发建功立业的劳动热情。

打造技能大赛“金”字招牌
助力产业工人成才和区域高质量发展

天津市滨海新区总工会

编者按：天津市滨海新区总工会深入贯彻“产业工人队伍建设改革提升年”要求，把持续开展“金锤杯”劳动和技能竞赛作为职工建功立业、提升素质的重要抓手，通过完善竞赛机制、构建区域竞赛新格局，优化竞赛内容、充分彰显区域新特色，提升竞赛活力、突出服务发展质效，着力打造技能大赛“金”字招牌，助力产业工人成才和区域高质量发展，努力培养更多技能型人才，为实现“制造强区”发展战略提供人才支撑。

2021 年是实施“十四五”规划、开启全面建设美丽“滨城”的起步之年，也是中国共产党成立 100 周年的年份。天津市滨海新区总工会深入贯彻“产业工人队伍建设改革提升年”要求，落实产业工人思想引领、建功立业、素质提升、地位提高和队伍壮大等改革措施，把持续开展“金锤杯”劳动和技能竞赛作为职工建功立业、提升素质的重要抓手，通过创品牌、搭平台、建机制，打造技能大赛“金”字招牌，培养更多技能型人才，为实现“制造强区”发展战略提供人才支撑，在美丽滨城建设中显担当，在企业增效中展作为，赋能区域高质量发展。

一、完善竞赛机制，构建区域竞赛新格局

（一）横向协同共同发力。滨海新区总工会联合区人社局、区团委、区妇联下发《“金锤杯”职业技能竞赛方案》。开展职业技能竞赛是工会组织服务中心工作的重要抓手，也是推动区域人才队伍建设发展的有效举措。

为做好组织推动工作，由区领导、总工会主席挂帅，各相关职能部门和各赛区、有关单位组成的“金锤杯”滨海新区职业技能竞赛组织委员会每年负责对大赛进行总体统筹、组织管理和设置安排。滨海新区总工会高度重视劳动和技能竞赛，将其作为重点工作进行部署推动。各赛区、参赛单位建立相应的竞赛组织推动机构，建立完善竞赛运行、竞赛激励、竞赛保障、先进模范选树等工作机制，在滨海新区形成横到边、纵到底，统筹协调、相互配合、优势互补、合力推进的劳动和技能竞赛工作格局。

（二）完善竞赛保障机制。建立“滨海新区总工会—开发区总工会—企业工会”三级竞赛组织体系，层层细化职责。滨海新区职业技能竞赛领导小组办公室根据区域发展实际，在充分调研的基础上，研究制定年度竞赛方案，细化工作目标，做好区域竞赛顶层设计。坚持精神鼓励与物质奖励相结合，制定出台《滨海新区总工会职工经济技术创新活动奖励标准》，规定大赛优胜选手将优先参与“五一劳动奖章”“滨海工匠”“创新创业之星”等各类先进评选。连续几年不断加大投入，共计投入 430 多万元。一汽—大众天津分公司建立了党委统一领导，工会、制造部、人力资源部、培训部、综合管理科等各部门联动的工作机制，并逐步建立完善国家、市、区各级劳动和技能竞赛机制，通过促进技能人才的成长与工匠大师的培养，选树典型，推进产业工人队伍建设改革。

（三）持续深化宣传发动。打造极具滨海新区特色的竞赛宣传文化阵地，利用滨海新区工会系统的新闻媒介和主流媒体，大力宣传以崔蕴为代表的“大国工匠年度人物”“海河工匠”和“滨海工匠”，通过滨海新区总工会官网、“滨工 V 家”微信公众号、滨海电视台、《滨城时报》等媒介和平台，加大对产业工人先进典型的宣传力度。大力宣传竞赛以及竞赛活动好的经验和做法。自 2020 年以来，25 家媒体对“金锤杯”滨海新区职业技能竞赛先后进行了近百次的专题宣传报道，提高了竞赛的社会效应。

二、优化竞赛内容，充分彰显区域新特色

（一）搭建建功立业平台。按照国家“京津冀协同发展战略”和市委“双城”发展战略部署，充分发挥工会培养人、教育人、凝聚人、塑造人的大学校作用，以“建功十四五　奋进新征程”为主题，聚焦滨海新区“制造强区”发展战略，为产业工人搭建建功立业平台。每年安排部署技能大赛，重点围绕滨海新区新兴产业发展急需的技能人才，以新一代信息技术为重点，实现比赛向先进制造业和现代服务业延伸、向新兴工种和科技含量高的工种拓展。2020 年，聚焦科技创新、卫生健康、新动能等领域，组织开展了区级技能大赛 14 场，3000 余名职工参加。天津港保税区组织开展的“核酸检测”技能大比武，在滨海新区新冠肺炎疫情防控“双战双赢”大决战中发挥了重要作用。2021 年，探索新产业、新业态竞赛新形式，全年开展区级大赛 16 项，并组织产业工人参加国家级、市级技能大赛。

（二）发挥试点单位的示范带动作用。根据全国总工会和天津市总工会的部署，结合区域特点，将职工聚集和集中的经济技术开发区作为重点，推动“金锤杯”劳动和技能竞赛深入开展。2021 年，把天津经济技术开发区和一汽—大众天津分公司作为天津市和滨海新区第二批改革试点。天津经济技术开发区总工会围绕服务区域发展、助力产业升级，首创建立区域、园区、行业、企业之间、重点企业项目“五级”劳动竞赛体系，通过榜样引领、创新赛制、多维覆盖、梯队建设等，探索出了一条以竞技促创新、以交流促发展的新途径。一汽—大众天津分公司拓展技能人才培养方式，构建了“选、育、留、用”劳动竞赛体系。天津港保税区总工会持续深化“培训—比武—大赛”梯次发展计划，每年举办叉车、飞机维修、生物医药、装备制造等技能竞赛，并聚焦国家重大战略，连续多年举办航空职业技能大赛。滨海高新区总工会制定出台技能竞赛鼓励金奖励制度，支持基层工会自主开展劳动和技能竞赛，围绕“信创谷”建设，组织举办网

络安全技能大赛。

（三）着力扩大竞赛覆盖面。坚持以职工为中心，让职工当主角，满足职工多样化需求。坚持广泛参与，全员动员。结合区域产业发展实际，每年制定劳动和技能竞赛工作推动意见。线上、线下相融合，不断提升职工的参与度，提升竞赛含金量，全方位推进。一方面，围绕区域主导产业、特色产业、系统行业、新业态、新动能开展竞赛；另一方面，在基层工会广泛组织开展“五小”创新活动，积极开展合理化建议、先进操作法、创新成果、“滨海工匠”、“技能大师”等评比活动。2021 年，滨海新区直接参与劳动和技能竞赛的职工达 18 万人次。

三、提升竞赛活力，突出服务发展质效

（一）促进创新、创业、创效。把提高职工技术素质和创新能力作为劳动和技能竞赛的重要内容。2021 年，滨海新区总工会制定劳模和工匠人才创新工作室星级评定标准和奖励政策。滨海高新区出台《职工创新管理办法》，举办首届职工创新创效成果展示活动。充分发挥劳模、先进工作者、技术领军人物、骨干团队的典型示范作用，引领广大职工积极参与技术创新、发明创造、合理化建议等活动，使劳动和技能竞赛成为培训的课堂、检验个人技能的平台、技能交流的场所。天津港保税区通过硬件支持、专人指导、经费倾斜、项目化补贴等方式，鼓励基层工会广泛开展合理化建议、技术革新、技术协作、发明创造等群众性技术创新活动，凝聚广大职工的智慧和力量。天津经济技术开发区开展“校工企联动工程”，形成“以学术为初心，以竞赛为载体，以转化为目标”的产学研体系，不断拓展竞赛体系的覆盖范围及理念内涵。2021 年，职工提出合理化建议 8 万余项，实施合理化建议 5.5 万余项，推广先进操作法 529 项，进行技术革新 7898 项，产生职工发明创造 732 项，荣获国家专利 575 项，推选技术带头人 1026 个，劳模技能人才师徒结对子 1785 组，为推动区域经济社会高

质量发展发挥了积极作用。

（二）促进企业和职工发展。一汽—大众天津分公司致力于“打造人才培养高地”的战略规划，积极促进技能人才的成长与培养。截至目前，已累计获得国家级、市区级、集团级、公司级各类技能竞赛奖项170余个。2021年，涌现出了一大批劳动竞赛典型团队和先进个人。利用3年时间，完成了企业战略布局，创造了“天津加速度”。自2018年以来，滨海新区通过持续开展劳动和技能竞赛发现人才、培养人才，涌现出了“大国工匠年度人物”崔蕴、“滨海工匠”28名，即时授予市级“五一劳动奖章”7人、“五一劳动奖状”1个、“工人先锋号”2个、“创新创业之星”5个、“劳动竞赛示范基地”6家；授予区级“五一劳动奖章”44个、“五一劳动奖状”5个、“工人先锋号”9个、“优秀组织单位”10家。天津经济技术开发区实施“百千万”人才培养工程，涌现出181名“优秀人才”、1217名“技能标兵”和110名“岗位之星”，评选出100个“金点子”和18家“优秀组织单位”。

强化党建引领 凝聚奋进力量
着力打造天津港产业工人红色铁军

天津港集团公司

编者按：天津港集团公司党委坚持把加强产业工人队伍建设作为集团公司“融入式”党建工程的重要组成部分，注重“三个强化”，激发产业工人活力；完善“三个体系”，提升产业工人动力；筑牢“三个堡垒”，发挥产业工人效力，着力在思想引领、素质提升、作用发挥等方面主动作为、积极探索，着力打造天津港产业工人红色铁军，形成了“党建带工建、工建助产改”的生动局面。

天津港集团公司党委坚持以习近平总书记视察天津港重要指示精神为指引，深入贯彻落实党中央、市委关于产业工人队伍建设改革决策部署要求，始终把加强产业工人队伍建设作为集团公司“融入式”党建工程的重要组成部分，按照“政治上保证、制度上落实、素质上提高、权益上维护”的总体思路，着力在思想引领、素质提升、作用发挥等方面主动作为、积极探索，形成了“党建带工建、工建助产改”的生动局面。

一、注重“三个强化”，激发产业工人活力

（一）强化党建引领。深入推进“融入式”党建工程，充分发挥党建引领作用，全面推行“一支部一品牌”建设，聚焦一线生产主业，形成“驾修先锋”“海铁联运桥头堡”等一批特色“红色品牌”，凝聚打造绿色智慧港口的力量。全力打造“红色典型库”，选树培育“巾帼班”“科技尖兵”“港口最美女性”等一批优秀先进集体和个人，系统总结和宣传先进经

验做法，激发产业工人的热情，汇聚大力弘扬劳模精神、劳动精神、工匠精神的强大合力。

（二）强化思想引领。坚持以学习贯彻习近平新时代中国特色社会主义思想以及党的十九届六中全会精神等为中心内容，组建政治理论宣讲队，举办专家进基层、沉浸式党史故事宣讲，开展党史学习“六个一”活动，累计走进基层班组、队站宣讲1100余场，覆盖近3.8万人次。建立红色教育资源库，制播“‘党课开讲啦’电视党课”“‘学习身边榜样’典型事迹电视片”等70余个学习视频，打造线上宣传教育平台，扩大宣传效应；“津港职工之家”等微信公众号全年推送文章近400余篇，关注数超2万人，有力推动思想政治教育进车间、进班组、进一线，引导职工听党话、跟党走、感党恩。

（三）强化典型示范。深化劳模创新工作室人才培养机制，发挥劳模示范带头作用，以孔祥瑞、成卫东、张瑞元等劳模榜样的先进事迹为依托，打造全国示范性劳模创新工作室1家、市级示范性创新工作室3家、集团级创新工作室1家，建立“一对一”“多对多”导师带徒体系，充分发挥先进群体的示范引领作用和劳模创新工作室的人才培养孵化作用，全力培育“津港工匠”“海河工匠”等优秀专业技能人才，大力促进知识型、技术型、创新型产业工人队伍建设，让产业工人变身为“时代工匠”。

二、完善“三个体系”，提升产业工人动力

（一）完善组织发展体系。创新产业工人党员发展考核机制，坚持“将产业工人骨干发展成党员、把产业工人党员培养成骨干”的目标导向，探索推行“分类施策建档、积分管理考核”的党员发展管理体系，实施产业工人入党计划单列，积极引导生产一线班组长、业务骨干、技能能手向党组织靠拢。截至2021年底，集团公司产业工人入党申请人数累计达798人、入党积极分子达169人，全年共发展产业工人党员61名，队伍的“底

盘”不断壮大。

（二）完善技能培养体系。强化专业技能培训，拓宽产业工人技能提升通道。积极与市职业技能鉴定指导中心结对共建，加大职业技能等级认定业务合作力度，2021 年已完成 16 个工种的职业技能等级标准备案，累计为 1299 名技能人才开展认定，逐步建成富有港口特色、符合发展需要的职业技能等级认定标准体系。组织举办“孔祥瑞杯”职业技能大赛，覆盖 42 个单位、3000 余名职工，着力培养、挖掘、选树蓝领专家与工匠人才，并将技能大赛成绩与职业技能等级晋升挂钩，全面打通产业工人职业培养通道。

（三）完善权益保障体系。完善 EAP 项目心理服务中心功能，积极开展心理健康宣传、测评和咨询辅导，保证一线员工心理健康。以“月月有主题，量变求质变”为原则，结合“五个阵地”建设主题，推动班组设施设备升级、管理水平提升。持续做实“送温暖”、“金秋助学”、法律援助、关爱农民工及其子女等工会品牌，不断增强产业工人的获得感、幸福感、安全感。落实职代会议事规则与工会劳动法律监委会职责，维护产业工人的合法权益，推动实现企业与职工互利双赢、和谐发展。

三、筑牢“三个堡垒”，发挥产业工人效力

（一）建强生产经营堡垒。组织发动产业工人投身港口生产经营主战场，依托党建、安全“双网格”，建立健全“奖惩结合、奖惩分明”的激励管理制度，有效促进产业工人争先创优、攻坚克难、开拓进取。2021 年，天津港集团公司各项生产任务指标逆势增长，集装箱吞吐量突破 2000 万标准箱，多次刷新全球港口及各货类作业纪录，创造单航次接卸空客飞机大部件数量最多的新纪录，马士基、中远海等主要船公司欧洲线、美西线等航线的效率始终保持全球首位，充分彰显产业工人的主力军作用和战斗堡垒作用。

（二）夯实“双保”责任堡垒。积极引导产业工人特别是工人党员立足岗位拼搏奉献，聚焦港口主责主业，勇担社会责任，诠释国企担当，全力保障电煤运输，畅通海上运输通道，聚力保障重点物资，优先确保 LNG、电煤、冬奥物资、民生物资等重要货类生产作业，全力满足人民群众的日常生活需要，坚决扛起“保供应、保运行”的重大职责使命。

（三）筑牢疫情防控堡垒。坚定扛起新冠肺炎疫情防控政治责任，积极引导产业工人严格执行港口疫情防控要求，全面落实集中居住管理制度，充分发挥党建“包保联系服务机制”作用，设立网格战区，选派党员干部进驻，统筹做好调配储备、福利保障和党员突击队值守等方面工作，在政治思想上引导、在工作生活上关心、在各种困难上帮助，确保集中居住人员特别是一线产业工人思想稳定，引领产业工人队伍筑牢疫情防控海侧防线。

匠心筑梦　技能强企
为打造新时期产业工人队伍不懈奋斗

中车长春轨道客车股份有限公司

编者按：中车长春轨道客车股份有限公司将高技能人才队伍建设作为“人才强企”战略目标，把“发挥作用”作为高技能人才队伍建设的根本任务，党、政、工、团合心聚力，搭“平台”，打造人才梯队，构建技能人才发展、激励体系；建“舞台”，建立劳模和工匠人才创新工作室，推动技能人才价值实现；摆“擂台”，促进技能水平提升，加速技术工人成长成才；筑“台阶”，实行阶梯式晋升，提高技能人才荣誉激励和政治待遇水平，打造新时期产业工人队伍。

中车长春轨道客车股份有限公司作为国家“一五”时期重点建设项目、共和国工业的“长子”企业，始终以产业报国为己任，将高技能人才队伍建设作为“人才强企”战略目标，把“发挥作用”作为高技能人才队伍建设的根本任务，党、政、工、团合心聚力，奏响推动新时期产业工人队伍建设改革“四部曲”，全力构筑公司技能人才高地。

一、搭“平台”，打造人才梯队，构建技能人才发展、激励体系

人才是企业的第一资源，也是企业的核心竞争力所在。为充分拓展技能人才的发展空间，公司构建“5+4+3”的技能人才发展通道：“5”是指职业技能鉴定的5个层级，“4”是指操作师评聘的4个层级，“3”是指中车核心技能人才选拔的3个层级。截至目前，公司共培养出中车核心技能人才77名、操作师450名。按照“双师型”人才培养要求，27名高技能人

才获评工程序列专业技术职务任职资格，实现了高技能人才与工程技术人才的职业贯通。在职业技能鉴定通道中，采取考评结合的方式，结合技能人才的工作年限，确定其所处层级，每晋升一个层级，岗位工资上升一档。对技师、高级技师以及各级操作师，按月发放人才津贴，数额从 100 元 / 月至 2300 元 / 月不等，与技术人才、管理人才的津贴级别及数额基本相同。对于中车首席技能专家和中车资深技能专家，实行岗位绩效工资制下的薪酬兑现政策，分别奖励其公司年人均收入的 5 倍和 1 倍。

二、建“舞台”，建立劳模和工匠人才创新工作室，推动技能人才价值实现

劳模和工匠人才创新工作室是公司专门为具备优秀技术能力、拥有突出业绩贡献、在生产单位具有一定影响力的“工人专家”所搭建的平台。自 2010 年以来，公司共组建了 13 个劳模和工匠人才创新工作室，其中有 8 个被评为国家级技能大师工作室，2 个被评为全国示范性劳模和工匠人才创新工作室；有吉林省首席技师工作室 5 个，吉林省示范性劳模和工匠人才创新工作室 3 个，涵盖了焊工、铁路车辆制修工、铆工 3 个轨道交通装备制造核心工种及生产单位。各工作室均以高技能人才的名字命名，公司为工作室提供了专属工作场地以及必备的办公设施、培训设备和专业书籍等资源，充分发挥了高技能人才在攻坚克难、优化生产、技术创新、技艺传承等方面的重要作用。由罗昭强技能大师工作室主持的“高速列车整车调试环境模拟技术及应用”项目荣获国家科学技术进步奖二等奖，代表了公司高技能人才在科技创新领域的杰出贡献。

三、摆“擂台”，促进技能水平提升，加速技术工人成长成才

（一）开展实战培训。公司设有专门的培训中心，每年投入 1000 余万元培训技能人才，年均开展高标准的理论和实操培训 700 个班次，累计达

1.5 万课时，4.2 万人次接受培训。同时，为进一步满足生产高、精、尖产品的需要，公司还通过聘请国内外专家、选派高技能人才赴欧美先进企业学习、开设专项技术研修班和专业技术讲座等方式，不断提高培训的针对性和有效性。

（二）开展实战竞技。为适应企业快速发展对提高职工素质、加快人才成长提出的新要求，贴近生产实际，公司已连续多年开展岗位技能竞赛、“金名片”杯系列职业技能竞赛、揭榜挂帅全员创新创效竞赛、长线短线劳动竞赛等，搭建了“促生产、赛质量、抓管理、攻技术、优工艺、强技能”等多个竞赛平台，累计有 9500 名技能人才受到表彰，年均收获各类创新成果 1080 项。2020 年，公司成功举办了第一届全国技能大赛轨道车辆技术新项目交通运输行业选拔赛，全面对接世界技能大赛标准，把比赛转化为推动全行业从业者技能提升的动力。公司两名选手勇夺选拔赛金奖，并在全国大赛中夺冠，成功入选世界技能大赛国家队。

四、筑“台阶”，实行阶梯式晋升，提高技能人才荣誉激励和政治待遇水平

公司积极推选高技能人才作为各级党代表、人大代表人选，增强工人的自豪感和使命感，涌现出党的十八大代表、十九大代表李万君，党的十八大代表谢元立，吉林省十三届人大代表罗昭强、谢元立等杰出技能人才代表；李万君、罗昭强更是作为国家级技能领军人才代表，受邀出席建党 100 周年庆祝大会、新中国成立 70 周年庆祝大会，展现了大国工匠风采。公司常年持续开展“选尖子、抓典型、树样板”劳模先进评选，设立了百名劳模库，其中技术工人占比 60%。建设了“金字塔”形劳模梯队，分级制订培养计划。公司已经形成了从国家级、省部级到长春市（中车）级、公司级的荣誉激励体系和逐级晋级体系，对高技能领军人才实行靶向式、定制化、持续性培养。截至目前，公司的技术工人队伍中，获得中车集团及以上个人荣誉称号者达 400 余人次。

强化思想引领　赓续红色基因
推进产业工人队伍建设改革落地见效

国网长春供电公司

编者按：国网长春供电公司强化思想引领，将“老变”红色基因作为新时代加强产业工人队伍思想政治引领工作的有力抓手，以思想引领促进产业工人创新创效，以央企担当传承产业工人红色基因，通过优化薪酬分级模式、优化荣誉获得机制、优化民主管理机制等，突出强化机制保障，着力培养一支思想过硬、充满活力、受人尊重的产业工人队伍，推进产业工人队伍建设改革进一步落地见效。

国网长春供电公司现有职工 4969 人，产业工人占比 81.95%。其下属的长春 220 千伏变电站（以下简称“老变”）是吉林省内第一座变电站，始建于 1943 年。一代代“老变人”逐渐孕育形成以“坚韧、精益、争先、奉献”为核心的“老变”红色基因，引领广大职工以高度的责任感和使命感守护电网安全稳定运行，为做好职工思想引领工作提供了不竭的源泉。作为产业工人队伍建设改革全面试点单位，公司进一步活化载体、完善制度，激励引导广大职工赓续红色基因，在思想引领工作方面取得丰硕成果。

一、擦亮政治底色，打造一支思想过硬的产业工人队伍

新中国成立初期，百废待兴，全国长时期缺电、限电。当时国网长春供电公司的电力工人白天拿钳子建设、维护变电站，晚上拿笔杆子自学电力知识，就这样走过了艰难困苦的岁月，见证了改革开放后吉林电力事业的蓬勃振兴，变电装机容量也从改革开放前的 263.9 万千伏安增长至如今

的 2520 万千伏安。“老变”从国家电网“长子”变电站一路成长为人才摇篮和精神高地，更培养出“劳动英雄”宋秋岭和“全国劳动模范”关德水、周立君、刘洋等先进典型。现如今，“老变”不仅是一座变电站，更是吉林电网人的名片。国网长春供电公司将“老变”红色基因作为加强新时代产业工人队伍思想政治引领工作的有力抓手，让产业工人将自己的精神成果转化为实干的自觉行动。公司深度挖掘“老变”的历史内涵，建设“老变”红色教育基地，目前已累计接待 107 场参观活动，参观人员达 2864 人次。传承“老变”红色基因也是新入职员工、新入党员工要上的第一节思想教育课，以此鼓励青年员工形成扎根一线、艰苦奋斗、迎难而上的品格。

二、注重实践锤炼，建设一支充满活力的产业工人队伍

公司坚持“产业工人思想政治觉悟高，企业经营效益才能增长；企业提供的平台强，产业工人素质才能增强”的原则，通过创新实践载体，打造企业与职工的命运共同体。

（一）以思想引领促进产业工人创新创效。建设以“老变”红色基因核心人物刘洋的名字命名的刘洋劳模创新工作室。该创新工作室是东北电力工会劳模创新联盟理事长单位，其创新团队获得 10 项国家发明专利、24 项国家实用新型专利和 1 项外观设计专利，获得省部级及以上荣誉和成果 29 项。公司另有 12 个劳模创新工作室仍在源源不断地输出创新成果。公司多次获“全国文明单位”称号，先后获评“中央企业先进集体”“全国厂务公开民主管理示范单位”“全国‘安康杯’竞赛示范单位”。

（二）以央企担当传承产业工人红色基因。在冰灾时，职工连夜抢修；在抗击新冠肺炎疫情时，职工不眠不休保障救治医院供电；在驰援河南抗洪时，共产党员突击队排水接电。在急难险重任务面前，吉林电网人不畏艰辛、奋楫笃行，完美诠释了“老变”的变与不变，变的是新时代精神、是电网装备水平；不变的是流淌在电力产业工人心中的红色血脉，薪火相

传、生生不息。

三、突出机制保障，培养一支受人尊重的产业工人队伍

（一）优化薪酬分级模式。根据职工月度绩效评分、年度绩效评级进行积分量化考核，形成薪酬等级晋升机制，使产业工人收入逐年递增，人均年均收入增长 6.04%；开辟职务、职员、人才、委派管理 4 条发展通道，让专业技能人才、创新研发人才、管理人才均有岗位晋升机会。

（二）优化荣誉获得机制。制订并实施先进典型培育计划，建立由 588 名产业工人组成的劳模先进典型后备人才库，按梯队分级制定培养规划，目前已形成了国家级、省部级、系统内的荣誉培养阶梯。

（三）优化民主管理机制。建设建言献策中心、员工诉求中心线上服务平台，实行职代会职工提案随提随办，保障产业工人发声权利。因地制宜建设有“小公寓、小食堂、小浴室、小书屋、小菜园”的“五小”供电所 37 座，全面改善产业工人的工作和生活环境。在一系列产业工人队伍建设改革措施的推动下，公司产业工人的地位得以提升，让职工在学“老变”、做“老变”的过程中感受到企业进行产业工人队伍建设改革的决心，从而做到传承“老变”红色基因、知行合一。

打造城市资源体系　赋能产业工人创新创效

福建省福州市推进产业工人队伍建设改革领导小组

编者按：福建省福州市深入推动“加大对产业工人创新创效扶持力度”的产业工人队伍建设改革试点工作，强化协同联动、守正创新、平台建设、激励孵化。通过建立健全创新机制、建设福州科创走廊、营造浓厚氛围，增强产业工人创新创效的驱动力；以“五小”创新大赛为“中心轴”、以工作室为“桥头堡”、以先锋榜样为“排头兵”，增强产业工人创新创效的穿透力；通过建设“三创”中心、首创“三创”大赛、引进中国职工创新发展峰会、打造全国首个职工知识产权协同创新基地，增强产业工人创新创效的聚合力，加大奖励力度、推动成果培育、助力成果转化，多措并举增强产业工人创新创效的推广力。

近年来，福建省福州市落实习近平总书记“各级党委和政府要深化产业工人队伍建设改革，重视发挥技术工人队伍作用，使他们的创新才智充分涌流”的重要指示精神，深入推动“加大对产业工人创新创效扶持力度”的产业工人队伍建设改革试点工作，通过强化协同联动、守正创新、平台建设、激励孵化，持续增强产业工人创新创效的驱动力、穿透力、聚合力、推广力，不断提高创新效率、提升创新效能、提增创新效益，形成企业发展、职工受益、和谐共赢的良好局面，打造全省产业工人队伍建设改革“双创”试点的福州品牌。

一、强化协同联动，增强产业工人创新创效的驱动力

（一）建立健全创新机制。福州市委、市政府出台《关于扶持“双创”

工作的七条措施》《关于进一步加强高新技术企业培育工作的若干措施》等政策，着力打造“榕博汇”这一福州人才工作品牌与招才引智平台，为福州“聚才汇智”。5 年来，超 2400 名境内外知名高校博士先后落户福州，使得产业工人队伍的结构进一步优化，切实缓解了产业工人队伍高学历人才不足、结构性矛盾等状况。福州市总工会出台《关于激励职工创新创业创造的若干扶持措施（暂行）》政策，每年规划 800 万元专项经费，从劳模创新、场地补助、贷款贴息、构建智库联盟等 8 个方面全方位保障产业工人的创新创业创造。

（二）建设福州科创走廊。加速集聚各类科技创新要素，打造创新发展策源地。2021 年，科创走廊区域内新认定国家级高新技术企业 450 家，新增省级以上工程研究中心 3 家、省级以上新型研发机构 9 家、省级以上孵化器 3 家、市级以上众创空间 21 家，创新动能在科创走廊内充分涌流。

（三）营造浓厚氛围。按照“人人皆可创新、人人尽展其才”的原则，推动职工创新活动从国有企业向非公企业、机关事业单位扩展，从生产领域向管理、服务等领域延伸，形成各专业共创共享、全方位、全领域的活动新格局，为产业工人创新活动扩容拓面营造良好环境。福州市总工会联合福建广电推出的全省首家创业类全媒体访谈节目《对话“三创”》的浏览量居同时段全省各类媒体的首位。

二、强化守正创新，增强产业工人创新创效的穿透力

（一）以“五小”创新大赛为“中心轴”。坚持以需求为导向，紧密结合岗位实际开展“五小”创新大赛，在释放产业工人创新热情的同时，促进企业发展。“五小”创新大赛已成为最受广大产业工人欢迎的成果评选、展示、交流平台。自 2016 年至今，共发动 1 万多家企事业单位、100 多万名职工参与其中，累计报送参赛项目 8520 项，其中 1656 项获奖，申请国内专利 2000 多项，福州市总工会连续 6 年获评“五小”创新大赛省级“优

秀组织奖”。

（二）以工作室为“桥头堡”。充分发挥各级劳动模范、工匠大师和技术能手的“传帮带”作用，团结和动员产业工人广泛开展创新实践，激发产业工人的创新精神，打造知识型、技能型、创新型产业工人大军。福州市已建成市级工作室 268 个，实现市、县、区全覆盖，其中 74 个工作室被评为省级工作室。以福建万润新能源科技有限公司的雷学国工作室为例，在 2021 年的“五小”创新大赛中，该工作室共提交了参赛项目 22 项，获奖 4 项，培养了 21 名优秀岗位技能人才。

（三）以先锋榜样为“排头兵”。福州市总工会在战略性新兴产业、现代制造业领域选树命名 88 位具有工匠精神、技艺精湛的优秀高技能人才为“福州工匠”。其中，2018 年度“福州工匠”肖维军在光电设备研发上获得多项科技成果，其中 4 项成果获得“福建省科学技术进步奖”（其作为第一完成人的有 3 项）。其创新发明成果转化率高达 98%，助力公司销售收入从 2006 年的 1200 万元增长至 2017 年的 6 亿多元。

三、强化平台建设，增强产业工人创新创效的聚合力

（一）建设福州市职工创新创业创造中心（以下简称“三创”中心）。“三创”中心整合政府、工会、国企、专业运营机构、高校科研院所等资源，形成集“众创空间—孵化器—加速器”于一体的职工“三创”生态链条，是目前全国最大的职工“三创”孵化载体。通过搭建职工创业技能培训平台、职工创新成果转化平台、劳动主题宣传平台、港澳台职工创新创业交流平台，为广大职工创客提供“工会 +”（权益维护）、“智慧 +”（导师智库陪伴式辅导）、“资源 +”（产业资源和政策支持）、“金融 +”（对接资本）四大核心服务，推动创新项目落地、人才安家。目前，“三创”中心入驻创业团队 133 支，其中台湾团队 20 支，总注册资金突破 10 亿元，获得融资 7500 万元，年产值近 2 亿元，带动新增就业人数近 1200 人，为福州

市台江区贡献税收近 200 万元，开展职工创新创业培训超过 2 万人次。

（二）首创海峡两岸（福州）职工创新创业创造大赛（以下简称“三创”大赛）。福州市总工会邀请中国职工发展基金会、中国职工技术协会作为大赛指导单位，台湾总工会作为协办单位，聚焦重点产业、重点领域，立足服务海峡两岸职工创客，面向全国职工创客征集项目。两届大赛吸引了上千余支职工团队报名参赛，大赛部分获奖者及团队获评“省优秀人才”“国务院政府特殊津贴专家工作室”“劳模创新工作室”等荣誉。

（三）引进中国职工创新发展峰会。福州市总工会联合中国职工发展基金会、中国职工技术协会，从 2022 年起，连续 5 年在福州举办“中国职工创新发展峰会”。首届峰会以“创新型城市构建和职工创新人才培养”为主题，邀请全国知名院士、专家、大国工匠作主旨演讲，举办职工经济技术创新成果展，营造“近悦远来”的人才发展环境，构筑职工创新“福”地。

（四）打造全国首个职工知识产权协同创新基地。福州市总工会联合国家知识产权国际运营（上海）平台、南南全球技术产权交易所成立中知路—福州职工知识产权运营中心，开展集知识产权开发保护、转化应用、估值交易、金融投资、产业运营于一体的职工知识产权综合服务，帮助职工“三创”成果接入国际交易平台，进行挂牌交易，打通职工知识产权和创新成果转化落地的“最后一公里”。职工知识产权协同创新基地成立 5 个月内即入驻高新技术企业 26 家、挂牌上线知识产权交易项目 118 项（其中“五小”创新项目 33 项），首次知识产权交易金额达 1.3 亿余元，培育了 10 家福州知名商标品牌和重点上市后备企业。

四、强化激励孵化，增强产业工人创新创效的推广力

（一）加大奖励力度。福州市委、市政府出台《关于促进科技成果转移转化若干措施》《关于进一步促进科技成果转移转化的补充措施》等激励政策，其中规定，科技成果完成人和为科技成果转化作出重要贡献人员在获

得股份和出资比例时，按国家有关规定暂不缴纳个人所得税；获得按股权、出资比例的分红或转让股权、出资比例所得时，应依法缴纳个人所得税。福州市总工会在每年举办的“三创”大赛中评选20项职工创新成果，分奖项给予1万~10万元的物质奖励；对优秀创新人才在评优评先、岗位晋级和职称评定时，给予优先考虑。

（二）推动成果培育。成立福州市职工创新创业创造工会联合会，设立职工创新创业创造导师库，吸收劳模、工匠和优秀的创业导师作为“三创导师”，加大对优秀职工创新项目的指导；依托福州市职工知识产权协同创新基地，借助北、上、广资源，推动职工创新成果孵化推广。

（三）助力成果转化。福州市总工会与中国职工发展基金会、中国职工技术协会各出资100万元共同发起成立首支全国性职工创新创业专项基金。基金可以为职工创新提供有力资金支持，支持举办职工创业创新大赛、创新论坛、“五小”创新成果展示推介等活动，扶持职工双创平台建设，促进职工创新成果转化和知识产权保护应用，促进创新成果进行知识产权交易、技术转移与成果转化。

构筑一体化技能人才成长体系
助推民营经济产业工人队伍高质量发展

福建省泉州市总工会

编者按： 福建省泉州市总工会探索“工会＋学院＋企业”的模式，加快基地建设，指导基地因地制宜、灵活机动设置学科专业，与行业学会和民营企业深度合作开设培训专班，开展“求学圆梦”学历教育，充分利用基地生产性实训设备优势组织竞赛活动，完善人才评价，厚植成长体系发展动能，激发资源政策的集成效应，构建起“产、学、赛、评”一体化技能人才成长体系。

福建省是民营经济大省、强省，70%的GDP、70%的税收收入、62%的外贸出口和80%的就业岗位由民营经济贡献。泉州市是福建省民营经济最活跃的地区，其产业基础扎实，有产业工人近200万人。泉州市总工会深入贯彻落实《新时期产业工人队伍建设改革方案》，探索“工会＋学院＋企业”的模式，激发资源政策的集成效应，构建起“产、学、赛、评”一体化技能人才成长体系（以下简称“成长体系”），着力打造高素质、高技能民营企业产业工人大军。

一、加快基地建设，完善成长体系的空间布局

在“晋江经验”的科学引领下，泉州市民营经济已发展出纺织服装鞋业、建材家居、食品饮料等千亿集群，形成超2万亿元的制造业大盘，贡献了泉州市的七成税收、九成研发投入、九成城镇就业岗位、九成企业数量。泉州市的民营经济占泉州市GDP的比重达81.5%，在全国经济总量前

20 名的城市中占比最高。为推动解决民营企业人才储备不足、创新能力不适应高质量发展要求等问题，2020 年起，泉州市相继推动出台《泉州市产业工人技能培训基地建设实施方案》《泉州市产业工人技能培训基地暂行管理办法》，提出以服务区域经济发展、打造高素质产业工人队伍为目标，聚焦机械智能制造、集成电子电路、纺织服装鞋业、石化新材料、陶瓷雕艺等民营企业众多的泉州支柱和特色产业，依托有条件的职业院校和园区（企业）实训点，通过加强政策支持、加大资金投入、改善办学条件、扩大培训规模、强化基地培训功能，计划 3 年内建设挂牌 30 家“泉州市产业工人技能培训基地”（以下简称“基地”），着力培育民营企业技能人才。

2 年来，泉州市、县两级工会共投入 500 万元，已建成泉州经贸职业技术学院、泉港区石化产业工人技能培训基地、福建日春实业有限公司等覆盖泉州 12 个县级行政区的 19 家基地，共计培训民营企业职工 73588 名，18596 人实现技能等级晋升。泉州市总工会主动联合市人社局，加强对基地开展职业技能等级认定工作的专业指导和建设升级，19 家基地均获得职业技能等级认定资格。泉州轻工职业学院入选福建省首批职业技能等级认定试点单位，凭借产业工人技能培训基地和职业技能等级鉴定点的双重优势，该校已经完成 12 个工种 689 人次的培训鉴定工作。

二、深化产教融合，丰富成长体系的内涵、外延

依托泉州市作为首批试点建设国家产教融合型城市的专业学科资源优势和政策支持，泉州市总工会立足区域内产业发展实际和用工需求，指导基地因地制宜、灵活机动设置学科专业，与行业学会和民营企业深度合作开设培训专班，合力构建规模稳定、结构合理的服务泉州民营经济发展的技能人才培养成长体系。以泉州晋江市为例，该市民营企业众多，制造业体量大，劳动力尤其是技术工人长期供给不足。泉州市总工会通过给予资金、政策、资源倾斜，扶持晋江基地——泉州轻工职业学院建设，指导基

地密切服务晋江鞋服产业、经济转型升级急需紧缺行业、民生补短板行业的用工需求，大规模、高质量开展民营企业职工技能培训。

一是在服装设计与工艺、鞋楦设计与制作、食品工艺、食品发酵、工业机器人、建筑信息模型（BIM）等领域建成15个专业化产教融合实训点。二是采取校企双师带徒、工学交替培养模式，开展企业“新型学徒制”人才培养，为柒牌、劲霸、贵人鸟等鞋服民营企业培养“新型学徒制”职工1563人。三是积极开展准毕业生多技能免费培训考证工作，在服装打版、制鞋、电子商务、工业机器人操作与示教、面点制作、电工、车工、铣工等领域培训准毕业生近1400人，准毕业生均取得技能等级证书和专项职业能力证书，基本在当地民营企业实现就业。四是与百宏、利郎、乔丹、柒牌、劲霸、寰球等40多家民营企业合作，开设服装缝纫、鞋面车缝、鞋楦制作、物流管理、计算机软件测试的技能培训企业定制专班，共计245批次，培训职工18962人，95%以上学员获得职业资格证书。

三、推动学历培训，增强成长体系的发展后劲

泉州市各级工会与泉州纺织学院、黎明职业大学等13家基地联合开展“求学圆梦”学历教育，通过给每人补助3000元学费，其中获得劳模、工匠、“金牌工人”等荣誉称号的人，参与“师带徒”、职工“五小”创新活动的职工再每人补助3000元等措施，助力部分民营企业一线职工实现学历提升。学校按企业职工实际需求开设相关专业与课程，突出实践教学，采取“送教入企”和定期组织学员进校的方式开展教育教学和培训。邀请高技能人才、工匠人才等担任培训导师，以技师、教师、匠师“三师联动”，精准提升民营企业“二元制”人才培养质量，让更多学员可以同时收获大专学历和职业技能等级证书，实现品德、学历和技能水平的综合提升。截至目前，共培养“二元制”民营企业毕业生7865名，毕业学员中6287人获得中级及以上职业资格证书，258人获得“劳动模范”“五一劳动奖

章”“金牌工人”“技术能手”等称号，75人在各级各类技能大赛中获奖，1246人实现岗位晋升。

四、组织竞赛活动，丰富成长体系的立体维度

泉州市总工会充分利用基地生产性实训设备优势，先后举办泉州市服装行业职工职业技能竞赛、晋江市首届服装（夹克）竞赛、泉州市食品行业烘焙技能大赛、海峡两岸机器人大赛等，涌现出一批“技术能手”“金牌工人”和“五一劳动奖章”获得者，极大地提升了当地民营企业的技术水平和品牌知名度。在积累办赛经验、选拔优秀参赛选手的基础上，承办第45届、第46届世界技能大赛时装设计与制作项目福建省选拔赛，全国鞋服饰品及箱包类专业教师教学能力大赛，第九届全国海鲜烹饪技能大赛，福建省职业院校技能大赛机电一体化赛项，福建省职工啤酒酿造大赛，福建省食品创新创意大赛等具有较大影响力的省赛、国赛，累计带动1200多家民营企业、1.2万余名民营企业职工通过竞赛强化培训，提升了技能水平。泉州市总工会按照《关于印发泉州市职业技能竞赛管理规定的通知》精神，积极与市人社局沟通协调，推动技能竞赛和职业资格等级认证挂钩，确定对于在全市性竞赛获得前3名的选手，由市人社局直接认定为高级工职业资格，颁发高级工职业等级证书；对技能和理论考核均合格的其他参赛选手，由市人社局核发中级工职业资格证书，已具有中级工职业资格的，可晋升为高级工职业资格。竞赛和职业资格等级认证挂钩的建立，为许多优秀的民营企业产业工人获得国家职业资格证书开辟了一条新通道。

五、完善人才评价，厚植成长体系的发展动能

泉州市总工会贯彻落实《中共泉州市委　泉州市人民政府关于实施“人才港湾计划”的若干意见》工作要求，细化工作机制，向市委人才办提出在“人才港湾计划”中增设第六、第七层次人才，将技能人才纳入高层

次人才管理体系中，从制度上落实技能人才的相关待遇。2 年来，共有 751 名数控车工、电焊工、木工、制衣工等一线技能人才被认定为泉州市高层次人才。同时，泉州市总工会积极配合财政、人社、人才等有关部门健全技能使用机制，进一步提高产业工人各项待遇，尤其鼓励民营企业积极探索建立与职工技能等级相挂钩的薪酬制度，激发民营企业产业工人提升技能水平的动力，从制度上打破技术工人向工程师和管理人员流通的壁垒，开启民营企业产业工人职业发展绿色通道，打通产业工人成长通道的“最后一公里”。2021 年，200 多名民营企业技能人才获工程师职称。积极推行民营企业自主评价人才认定机制，试点技师、高级技师直接认定。首批 50 家民营企业获得认定资质，组织 4.29 万人参加技能人才评价，3.57 万人取得相应职业（工种）技能证书，不断增强民营企业产业工人在泉州生活、工作的获得感、幸福感和安全感。

聚焦技能导向激励　激活企业高质量发展“薪动能”

福建龙溪轴承（集团）股份有限公司

编者按：福建龙溪轴承（集团）股份有限公司推动“建立健全技能导向激励机制”试点工作，围绕健全技能人才评价体系和技能导向激励等重点任务，精细化设计工作体系，明确“薪路线”；常态化开展以职业技能为主的综合培训，深化“企校双制、工学一体”培养模式，全方位构建培训体系；畅通产业工人技能晋升成长通道，建立技能人才内部评价机制，探索企业内部职等评定方式，发挥工匠引领作用，立体化创建人才评价体系；建立技能导向薪酬机制，实现高技能人才专项发展，让创新成果参与劳动要素分配，多层级搭建激励体系。实现“多劳者多得、技高者多得”，为实施人才强企战略和创新驱动发展战略提供坚实的人才保障。

福建龙溪轴承（集团）股份有限公司（以下简称“龙轴集团”）是生产经营关节轴承、圆锥滚子轴承及高端机械零部件的现代化国有控股上市集团公司，是“中国机械工业核心竞争力 100 强”企业、“国家火炬计划”重点高新技术企业、首批 54 家全国制造业单项冠军示范企业和首批 42 家全国工业品牌培育示范企业，是我国关节轴承行业的领导者。公司现有产业工人 1688 人（不含权属企业人员），其中一线产业工人 1278 人，平均年龄 38.9 岁；拥有技校及以上学历的产业工人有 1236 人，占产业工人总数的 73.2%；中级工 278 人，占产业工人总数的 16.5%；高级工及以上的高技能人才 499 人，占产业工人总数的 29.6%，享受“国务院政府特殊津贴”者 2 人。

龙轴集团积极推动“建立健全技能导向激励机制”试点工作，围绕健全技能人才评价体系和技能导向激励制度等重点任务，依托国有企业人才配置优势，不断健全优化 4 个体系，有序推进产业工人队伍建设改革试点工作进程，实现“多劳者多得、技高者多得”，为实施人才强企战略和创新驱动发展战略提供坚实的人才保障。

一、精细化设计工作体系，明确“薪路线”

（一）成立以公司党委书记、董事长为组长的产业工人队伍建设改革领导小组，统筹协调技能人才评价及技能导向激励机制的设计，着力推动方案制定、项目实施和工作进度。

（二）结合试点项目内容及企业实际，制定公司《建立健全技能导向激励机制工作方案》和《龙轴集团建立健全技能导向激励机制行动方案细化表》，确保产业工人队伍建设改革试点工作深入开展。

（三）动态完善《福建龙溪轴承（集团）股份有限公司薪酬管理制度》《专业技术管理人员、技术工人职等职级评定、聘用及考核管理办法（试行）的通知》等基础性制度文件，确保技能导向激励措施落在实处。

二、全方位构建培训体系，续航“薪能量”

（一）依托福建龙溪轴承（集团）股份有限公司培训中心，在企业内常态化开展以职业技能为主的综合培训，让龙轴集团倡导的终身教育理念成为龙轴集团员工的行动自觉。仅 2021 年就开展新上岗、一专多能培训 430 人次，岗位技能提升培训 804 人次，安全生产、质量、职业健康安全管理体系等知识培训 4004 人次。

（二）根据公司制定的《建立健全技能导向激励机制工作方案》，修订完善《福建龙溪轴承（集团）股份有限公司职业技能提升行动实施方案》《福建龙溪轴承（集团）股份有限公司新型学徒制培养实施方案（试行）》

《新型学徒制导师带徒管理办法》相关实施内容，为公司产业工人素质提升提供制度保障。

（三）深化“企校双制、工学一体”培养模式，与漳州市技师学院、漳州市职业技术学院等院校合作，开展6个专业、9个班、222名产业工人参加的新型学徒制中级培训，满足企业高质快速发展对应用型和技能型人才的需求。

三、立体化创建人才评价体系，助力“薪成长”

（一）畅通产业工人技能晋升成长通道。公司作为福建省首批职业技能等级认定试点单位，备案开展认定的工种涵盖车工等12个职业30个工种，等级涉及高级技师、技师、高级工、中级工、初级工。自2021年以来，共组织289名产业工人进行职业技能等级认定考试，均取得相应的等级证书，提升了员工职业技能水平和工作绩效。

（二）建立技能人才内部评价机制。对于部分无法参加职业技能等级认定的技术工种，2021年公司制定《关于组织开展部分技术工种内部评价的通知》，确定13个内部评价工种，并参照技能等级认定流程进行评价。目前已完成2个工种（衬垫织造、衬垫织备）的评价标准制定，2名技师、1名高级工的内部评价。通过搭建企业内部技能人才评价体系，进一步拓宽技术工人的职业发展空间。

（三）探索企业内部职等评定方式。为了进一步拓宽技术工人职业发展通道，为技术工人职业成长设定阶段性目标，形成动态竞争性的以业绩评价、能力评估为基础的价值分配体系，公司专门制定《专业技术管理人员、技术工人职等职级评定、聘用及考核管理办法（试行）的通知》，将技能序列的技术工人分为初级、中级、高级、技师、高级技师、资深技师、首席技师7个等级，并明确《职等评定标准》，让技术工人的薪酬待遇、职等职级升降与业绩评估密切相关。只要技术工人的业绩符合评定标准要求，可以实现跨级提升，让产业工人的职业发展通道更加通畅。

（四）发挥工匠引领作用。公司根据企业自身实际，厚植工匠精神，积极参加“漳州工匠”“八闽工匠年度人物”选树活动，一线产业工人陈议忠、阮建能获得“漳州工匠”称号。公司给获得工匠称号的一线职工专门设置了工匠奖金和对应的技能等级晋升通道，在企业内营造了劳动光荣、技能宝贵的浓厚氛围。

四、多层级搭建激励体系，增强“薪引力”

（一）建立技能导向薪酬机制。制定公司《薪酬管理制度》，规定技能人员实行岗位技能工资制，除岗位工资、月度绩效奖金、年度绩效奖金之外，技能工资依据员工技能等级、年度考核评级等因素，实行宽带薪酬（每个等级对应的技能工资细分为1~9档），有效地将产业工人技能等级与薪酬收入挂钩，实现按技能水平高低、按价值贡献大小来确定的薪酬收入动态调整。2021年，在原有薪酬体系的基础上，优化完善《薪酬管理制度》，细化技师技能工资标准，对16名技师按新标准套档，使其月增收入5476元，48名技能等级晋级工人月增收入17312元，实现技高者多得。2021年7月起，上调员工薪酬。根据公司经营业绩，重新梳理员工价值贡献，建立与劳动力市场价位、行业、区域、兄弟企业相适应的薪酬体系，下半年公司共增加薪酬412.81万元，提高了员工的整体收入水平。

（二）实现高技能人才专项发展。对于对公司发展作出重要贡献的高技能人才，经公司高技能人才评审委员会及专业考评组评审后，可破格晋升职等。2021年，3名高级技师被破格晋升为资深技师。公司同时还为优秀的高技能人才开通行政管理岗位的晋升通道，目前有7名高技能人才（其中2名高级技师、2名技师、3名高级工）在公司中层管理岗位上，享受中层待遇。

（三）让创新成果参与劳动要素分配。发布公司《技术进步项目管理制度》《管理创新和市场开拓项目管理制度》《项目成果奖励管理制度》《关于持续开展全员 PQCDLM 改善活动的通知》《降本增效管理制度》等制度，每年均对取得优异成果的员工进行奖励。2021 年，对“高端位杆精锻成型关键技术研究及产业化”等 86 项技术进步项目，“美洲重点客户配套份额提升”等 25 项市场开拓项目，“提高快速反应能力，聚焦搬迁动态交付”等 43 项管理创新项目，22 项改善提案项目，23 项降本增效项目进行奖励，共奖励创新团队 316.55 万元。例如，“高端位杆精锻成型关键技术研究及产业化”项目攻克了多项核心关键技术，扭转了航空拉杆长期受制于人的不利局面，为保障重大装备核心零部件自主可控作出了重要贡献，被评为公司 2021 年度技术进步项目特等奖，公司奖励在该项目攻关一线的 23 名产业工人共 15 万元，其中 2 名技术骨干入选为福建省“百千万”人才。

构建完善技能形成体系
培养更多高素质技术技能人才

福建省三明市产业工人队伍建设改革工作领导小组办公室

编者按：福建省三明市立足老工业基地优势和产业发展实际，把“构建和完善产业工人技能形成体系”作为加强产业工人培育的重要抓手，优化教培体系，建强师资队伍，抓实技能培训，突出产教融合，通过创建“二元制”化工产业学院，引导推动共建“应用化学技术专业”教学点，深入开展职业院校教师进企业实践、企业技术人员进学校教学体验活动和“双师型”教师认定工作，落实职业院校毕业生实习实训管理制度和跟踪服务制度，持续深化“新型学徒制”“名师带高徒”活动等多项举措，着力为三明市产业高质量发展培养、造就一支高素质的产业工人大军。

自2021年来，福建省三明市立足老工业基地优势和产业发展实际，结合产业工人队伍建设改革试点工作，把“构建和完善产业工人技能形成体系”作为加强产业工人培育的重要抓手，积极搭建平台，健全机制，抓好服务，引导更多产业工人在学习技能、提高素质、创新创效和助力发展上下功夫，着力为三明市产业高质量发展培养、造就一支高素质的产业工人大军。

一、抓统筹强合力，凝聚深化产改新动能

（一）党政重视支持。坚持高位推动，把深入推进第二批产业工人队伍建设改革试点工作作为贯彻落实习近平总书记关于工人阶级和工会工作的重要论述以及来闽、来明考察重要讲话重要指示精神的重要抓手；市委、

市政府领导多次就加大产业工人培育力度、培养更多工匠人才等工作作出批示，提出具体工作要求；市委人才办、市财政局、人社局等党政部门发挥职能优势，加强协调联动，有针对性地从产业人才认定、职业培训补贴、技能培训基地建设等方面予以政策支持。

（二）工会大力推动。牵头召开三明市产业工人队伍建设改革工作专题会议，制定出台《三明市关于开展构建和完善产业工人技能形成体系全面试点工作方案》，提出改革措施16项，确定3个试点县（市、区）和21个项目试点单位。突出民营经济发展和技术工人培养，制定实施《三明市总工会产业工人队伍建设改革2022年攻坚行动工作方案》，工会、人社部门等专题开展产业工人队伍建设改革工作调研，制定攻坚行动举措6项，确定打造攻坚项目示范点18个。

（三）企业积极参与。全市20个产业、50多家企业主动参与到产业工人队伍建设改革试点工作中来，结合企业生产经营特点选择试点项目。福建省三钢（集团）有限责任公司、三明市普诺维机械有限公司等企业积极发挥推进改革的主体作用和示范作用，围绕“健全技能导向激励机制”项目制定改革方案，落实工作举措，被省总工会确定为第二批省级产业工人队伍建设改革试点企业。

二、抓技能强素质，拓展学技练艺新平台

（一）优化教培体系。大力推进职业技能培训基地建设，培育、创建省级高职院校产业学院3家（三明医学科技职业学院的梅园商务产业学院、永智智能制造产业学院、国德健康养老产业学院），依托中小企业公共服务平台和氟新材料龙头企业创建“二元制”化工产业学院，引导推动三明学院与三明海斯福化工有限公司共建“应用化学技术专业”教学点，支持三明第二高级技工学校申办福建交通技师学院（已通过省人社厅考核评估）。

（二）建强师资队伍。制定出台《三明市教育局关于做好2022年职业

院校“双师型”教师认定工作的通知》，深入开展职业院校教师进企业实践、企业技术人员进学校教学体验活动和“双师型”教师认定工作，目前全市市属技工学院具有高级工及以上职业技能等级的教师增至129名，占比达47.3%。

（三）抓实技能培训。落实10万元职业教育宣传财政专项经费，通过开展送教入园、以工代训、失业保险提升技能培训、项目制培训和市属国有企业就业见习岗位培训等方式，组织开展职业培训20700人次；联合三明广播电视大学开展农民工“求学圆梦”行动计划，动员农民工参加机械设计制造及其自动化技术、机电一体化技术、汽车检测与维修技术、电子信息工程技术等班次的学习，推动对符合相关条件的开放教育学员给予最多3000元/人学费补助的政策落实，目前已报名、录取559人。

（四）突出产教融合。实施《三明市深化产教融合推动职业教育高质量发展实施方案》，落实职业院校毕业生实习实训管理制度和跟踪服务制度，持续深化“新型学徒制”“名师带高徒”活动，引导三明医技学院、三明技工学校安排应届毕业生到钢铁、机械、化工、纺织等企业一线进行实践锻炼；加大订单式复合型人才培养力度，以交通运输类、焊工、电工、叉车工等职业（工种）为重点，大力推行“二元制”“订单班”“特色小班”等人才培养新模式，组织职业院校（技工学校）与19家企业开展“校中厂、厂中校”合作办学，组织产教融合培训1549人次。

三、抓人才强激励，铺设成长成才新车道

（一）大力推动引才留才。制定实施《三明市大中专院校（含技工学校）毕业生留明就业率考核办法（试行）》和《关于组织开展2022年“扬帆计划·引才进企”活动工作方案》，用好“工E就业”就业服务平台，举办2022年“双一流”高校学子观摩交流会和110场“春风送岗”系列招聘活动，提供岗位2.53万个，帮助8195人达成就业意向。

（二）积极开展人才认定。制定实施《三明市高层次及实用型人才企业自主认定实施办法（试行）》，支持 33 家“433”现代产业体系相关企业和重点培养的龙头企业对符合条件的员工进行量化评分，自主评出市级高层次人才及实用型人才 76 人。制定执行《三明市特色产业人才认定标准》，确定认定标准 56 条，并将“一企一策”企业、省级工信龙头企业、沙县小吃和制茶产业等领域的高级技师和技师等纳入认定范围，全市累计认定市级高层次人才及实用型人才 305 人、省级高层次人才 56 人。

（三）加大技能鉴定和职称评审力度。重视初级、中级专业技术人员培养，引导机电、土建、路桥、水利等专业人员参加职称评审和职业技能鉴定，自 2021 年以来，已完成职业技能鉴定 7514 人次，完成民营企业职工职称评审初级 132 人、中级 330 人，推荐并通过高级职称评审 25 人。

（四）落实人才政策待遇。支持重点企业引进省工科类青年专业人才、产业紧缺人才，自 2021 年以来，已累计发放企业各类人才补助 463.4 万元，发放市级重点企业高级技师、正高级职称专业技术人员等各类人才 2021 年度人才补助 53.22 万元。树立技能绩效导向，指导福建省三钢（集团）有限责任公司建立实行首席技师评聘办法，落实首席技师每人每年 8 万元技术补贴，并向攻坚项目示范点企业积极推广这一模式。

四、抓创新强效益，打造助力发展新引擎

（一）广泛引领职工建功立业。以“建功‘十四五’、奋进新征程”为主题，引导产业工人积极投身经济建设主战场，组织职工在重大工程、重点项目开展“六比一创”劳动竞赛 237 场，助力加快项目进度，提高质量效益。深入实施新时代“三明工匠”培育工程，制定实施《三明市五一劳动奖章、工人（五一）先锋号命名管理工作暂行办法》，评选“三明工匠”10 名、“三明青年工匠”30 名，推荐获得省“五一劳动奖状”6 个、“五一劳动奖章”16 个，创建省级（示范性）劳模工作室 5 个、市级劳模

（工匠）工作室10个，引导劳模、工匠在打好“八大战役”、推动产业高质量发展中进一步发挥示范引领作用。

（二）更高水平开展劳动和技能竞赛。围绕构建“433”现代产业体系，举办市级技能竞赛52场，覆盖冶金机械、智能制造、沙县小吃、金融、快递等34个行业，吸引2.49万名职工参加。承办全国第七届职工技能大赛钳工项目福建省选拔赛，三明市代表队5名职工分别获得一、二、三等奖，并获团体第一名。大力推动劳动和技能竞赛向新产业、新业态、新组织拓展，大力实施“数字工匠赋能提升行动”，启动数字工匠技能大赛，加大“数字工匠”命名培育力度，目前已有3个省级产业园区、38家数字经济企业参与其中。

（三）持续推动创新创造和成果转化。积极为职工创新创造搭建平台，广泛组织开展发明创造、合理化建议和“五小”群众性经济技术创新活动，自2021年来，三明市申报“五小”创新项目896项，获奖125项。持续做强“院士专家三明行”品牌，组织相关系列活动3场次，新建市级专家工作站2家，培育、获评省级院士专家工作站2家。制定实行《三明市重大科技平台绩效考核评估办法》，建立与绩效相挂钩的奖补机制，进一步推动人才、技术、项目等创新资源向平台集聚。目前，三明市“6+1”科技创新平台已集聚中科院上海有机所、中国机械科学研究总院等10多所高校和科研院所以及专业技术人员310多人，围绕产业发展开展创新创造创效活动，引导“6+1”平台与企业开展产学研合作，加速推进科研技术成果向现实生产力转移、转化。目前在研省级以上科技项目50余项，已转化科研成果45项，预计新增产值4.36亿元。

构建校企命运共同体　推进校企一体育人
打造“二元制”人才培养品牌

泉州轻工职业学院

编者按：泉州轻工职业学院充分发挥当地龙头企业的领军地位和辐射作用，以“二元制”人才培养为载体，通过建设技能实训基地，大规模、高质量开展技能培训，建设“产业实训基地 + 产业工人培训基地 + 高技能人才培训基地”三位一体培训平台；建设企业学院，搭建校企二元一体化育人平台；深化校企融合，设立“二元制”“12335”人才培养模式；建设“三元双师”结构师资队伍，打造创新教学团队；构建“岗课赛证”综合育人课程体系，通过“群教学模式”提高教学成效。着力打造产教融合、校企合作建设职工职业技能实训基地的“晋江经验”和高职样本。

为深入贯彻落实《新时期产业工人队伍建设改革方案》，泉州市总工会从产业发展需求和职工队伍的现状出发，创新“二元制”职工培训新模式，着力打造产教融合、校企合作一体化的职工职业技能实训基地，其中以泉州轻工职业学院（以下简称“轻工学院”）的成效最为突出。

轻工学院是在晋江市委、市政府主导和大力支持下，由金龙集团、恒安集团、安踏集团、浔兴集团、艾派集团共同出资创办的民办高职院校。轻工学院密切服务晋江鞋服产业、经济转型升级急需紧缺行业、民生补短板行业的用工需求，充分发挥当地龙头企业的领军地位和辐射作用，以“二元制”人才培养为载体，通过建设技能实训基地，大规模、高质量开展技能培训，着力打造产教融合、校企合作建设职工职业技能实训基地的“晋江经验”和高职样本。

一、建设“产业实训基地 + 产业工人培训基地 + 高技能人才培训基地”三位一体培训平台

轻工学院以行业、产业、企业岗位发展对产业工人的技能需求为导向，依托企业学院以及金龙集团、安踏集团、恒安集团、友臣集团、鹿艺鞋楦、荣誉集团、中国电信等 10 多家合作企业，在校内分别建成现代服务业生产性实训基地、鞋服智能制造生产性实训基地、恒安机电一体化生产性实训基地、休闲食品生产性实训基地、鞋楦设计与制作生产性实训基地、中西餐制作与工艺实训基地、5G 物联网应用技术实训基地等 10 多个专业化产教融合实训基地，并在工会和人社部门的支持下，建设完善时装设计与制作实训基地，实现课堂教学与企业实践相结合、行业企业典型生产任务进课堂，有效提升“二元制”学员的知识、技能水平。轻工学院先后入选泉州市产业实训基地、泉州市产业工人技能培训基地、国家级高技能人才培训基地、世界技能大赛国家集训基地，其现代服务业生产性实训基地被教育部认定为国家级生产性实训基地。

二、建设企业学院，搭建校企二元一体化育人平台

（一）发挥企业办学及区域实体经济发达优势，制定实施《企业学院建设管理办法》，以轻工学院 5 家股东企业和中国电信、盼盼集团为主体，找准校企双方利益的共同点、结合点，合作建设安踏时尚设计学院、恒安智能工学院、金龙商学院、浔兴建筑学院、艾派文创学院、泉州市数字产业学院、荣誉厨师学院 7 个产教深度融合的企业学院，百宏、劲霸、柒牌、乔丹等规模以上企业和福建省食品工业协会、晋江装备制造协会等百余家企业、行业加盟，搭建以全面提升劳动者技术技能水平和职业素养、增强企业办学动力、提高人才培养质量为主要目标的校企二元一体化育人平台。其中恒安智能工学院、浔兴建筑学院入选福建省产业学院试点项目。

（二）与合作企业签订《校企“二元制”协同育人协议书》等，制定实施《企业学院双院长、双专业带头人工作职责》《企业学院“二元制”授课教师、班导师工作职责》等，建立学校、企业互动，双院长、双专业带头人、校企双师“AB角”协同育人、交融互补的工作机制，整合教育教学资源。

三、深化校企融合，设立“二元制”“12335”人才培养模式

依托企业学院，制定实施《企业学院一体化人才培养模式改革试点实施办法》，统一校企人才培养培训实施系统，制定“二元制”“12335”人才培养模式，即一个校企合作人才培养平台（企业学院），双螺旋育人体系（文化养成和技术技能培养双螺旋），三维立体人才培养环境（理实一体化教室＋企业教学基地、产教融合实训基地＋企业车间、企业工作岗位），“三段式”人才培养过程（基本职业能力培养阶段、专项职业能力培养阶段、综合职业能力培养阶段），“五化”课程教学体系（模块化课程体系、项目化课程内容、多师化课程教学、信息化教学手段、多元化课程评价），破解学校人才供给侧和企业人才需求侧不对称而带来的结构性矛盾，实现人才培养从以学校为重心向以企业为重心的转变。

四、建设“三元双师”，打造教师教学创新团队

（一）实施《高水平专业带头人领航计划》，引进美国加州大学机械专业何世伟博士，原中国皮革与制鞋研究院院长、教授级高工杨承杰等4位顶尖大师担任智能制造、鞋服等专业群的带头人，打破技术技能教学天花板。

（二）制定实施《企业学院校企师资互聘管理办法》《企业学院“二元制”师资队伍管理办法》《“双轨制”职称评聘管理办法》，实行校企师资互兼互聘，创新实施“大师、匠师、技师”等级与教师系列职称并行与转换的“双轨制”职称评聘制度，共同打造一支由学校高级教师、企业技师、行业匠师组成的能教书、能实践、能育人的高素质“三元双师”教学团队。

五、构建“岗课赛证”综合育人课程体系，通过“群教学模式”提高教学成效

（一）针对“二元制”生源多样化的特点，以企业岗位需求为依据，构建以能力为本位、以职业实践为主线、以项目课程为主体的“岗课赛证”（依据岗位、考证、竞赛的需求开设课程，同时针对岗位职业方面设置职业基础课程模块、职业技术课程模块，针对考证和比赛要求设置专业课程模块，针对职业素养设置素养课程模块等）模块化课程体系，建设融“1+X”证书制度标准、岗位职业标准、竞赛标准为一体的教学标准、课程标准、实训标准，制定基于岗位任务的教学内容，用真实工作任务引领专业知识的学习。

（二）依托人工智能、信息技术，在线上建设在线课程、教学资源库，在线下建设智慧教室、虚拟仿真实训室，开展线上线下混合教学。目前，已打造线上课程 450 门，建有智慧教室 20 间、虚拟仿真实训室 5 个。

（三）创新实施“群教学模式”。通过课程体系重构课程群；用“1+N 多师同堂”（1：校内课程负责教师；N：老生、行业大师、企业技师等）的形式组成教师群；用任务驱动的方式组成学习群；新、老学生和“二元制”学员组成交流群，形成老生带新生、年老教师带年轻教师、校内教师和行业企业师傅互补、理论教师和实践教师相结合的新型课堂，调动学生积极性，提高学生的学习兴趣和学习成效。

（四）创建多元化、多维指标教学评价体系。制定实施《企业学院“二元制”课程考核评价改革办法》《创新创业、素质拓展学分转换和互认管理办法》，形成“横向联动、纵向贯穿”的评价制度，以创新创业和就业能力为导向形成对学生的发展性评价，加大职业素养考核、过程考核、实践技能考核，加大行业技能证书、技能竞赛成绩、岗位创新成绩等在课程总成绩中的比重，建立学校、行业、企业、学生等多方参与的教学评价体系。

以“一户一产业工人”培养工程
巩固脱贫攻坚成果　助力产业工人队伍建设

湖北省十堰市推进产业工人队伍建设改革协调领导小组办公室

编者按：湖北省十堰市把深化产业工人队伍建设改革与推进山区特色经济发展、促进乡村振兴紧密融合起来，在全省率先实施“一户一产业工人”培养工程。通过健全就业服务体系、大力发展扶贫车间、深入开展劳务协作，推进“多形式”就业创业，推动农村劳动力向产业工人转型，不断壮大特色经济产业工人队伍；通过出台培训政策、夯实培训阵地、把准培训方向，实施“靶向式”技能培训，提升产业工人素质；通过打造技能竞赛品牌、加大典型培育力度、推进职业技能等级认定，实现“多通道”职业晋升，加快产业工人成长，积极推动农村贫困人口、城乡新劳动力转型为支撑特色产业发展的新型产业工人。

湖北省十堰市委在全省率先实施“一户一产业工人”培养工程，积极推动农村贫困人口、城乡新劳动力转型为支撑特色产业发展的新型产业工人。截至2021年底，全市26.6万户贫困户、83.4万贫困人口全部脱贫；61%的脱贫人口已转型为新型产业工人，工资性收入已占其家庭收入的80%以上；城镇、农村常住居民人均可支配收入分别达29950元、11530元，实现了“当工人”与“增收入”的有机统一。

一、“精准化”科技服务，推进乡村产业发展

（一）引进技术服务人才。争取91名“三区”人才、1137名各级科技特派员服务乡村产业发展，帮助解决技术难题，提供技术培训，为产业扶

贫提供优质技术服务。

（二）争取科技项目落地。2021 年累计争取到国家级、省级科技项目 130 项，项目资金 4855 万元；争取到省级农业科技成果转化资金项目 3 项，项目资金 90 万元，在全省重点支持的 10 家国家级农业科技园区中位列第一；争取到“科技人员服务企业专项行动 · 湖北专项”项目 42 项，在全省市、州中位居第三；争取到省“揭榜挂帅”项目 2 项，持续在全省居于第一方阵。

（三）统筹推进电商建设。探索“电商 + 产业基地 + 合作社 + 贫困户”“企业 + 电商 + 合作社 + 农户”等电商发展新模式，实现“电子商务进农村”全覆盖，已建成 5 个县（区）级公共服务中心、104 个乡镇综合服务站、1148 个村级电商服务点，县、乡、村三级电商公共服务和物流配送体系基本形成。

二、“多形式”就业创业，推动农村劳动力向产业工人转型

（一）健全就业服务体系。开展“春风行动”“就业援助月”“民营企业招聘周”“百日千万网络招聘行动”等线上、线下专项活动，举办线上直播带岗招聘活动、职工创业创新大赛，为广大农村富余劳动力提供“不断线”的服务和平台。2018 年 1 月至 2021 年 6 月，十堰市共开展线上、线下各类招聘会 1103 场，提供就业岗位 77.1 万个。

（二）大力发展扶贫车间。强化产业带贫增收，现共有扶贫车间（作坊）3481 个，其中扶贫工厂 107 个、扶贫车间 667 个、扶贫作坊 2707 个，覆盖全市 118 个乡镇，帮助 72 万贫困人口脱贫。

（三）深入开展劳务协作。采取精准输送、“6+1”劳务协作、“2211”区县劳务对接、成立“秦巴就业联盟”等行动，截至 2022 年 6 月底，十堰市实现农村富余劳动力转移就业 70.82 万人，占富余劳动力的 91.9%；全市共签订劳务协议 19 份，劳务协作地累计提供就业岗位 3.4 万个；全市脱贫

劳动力和边缘易致贫劳动力实现转移就业 31.6 万人。

三、“靶向式”技能培训，提升产业工人素质

（一）出台培训政策。出台终身职业技能培训、职业技能提升行动（2019—2021 年）实施细则、企业新型学徒制培训、以工代训等政策文件，全面提升产业工人职业技能水平和就业创业能力。2019 年 1 月至 2022 年 4 月，全市累计开展各类补贴性职业技能培训 14.8 万人次，累计支出培训补贴 1.98 亿元。

（二）夯实培训阵地。建立国家级、省级、市级高技能人才培训基地、特色产业实训基地、产业工人培训基地、高技能人才工作站、劳模创新工作室、技能大师工作室 17 家。4 所技工院校每年为社会培养输出上万名优秀技能人才。

（三）把准培训方向。实施靶向摸排企业缺工情况、靶向教学因材施教、靶向输送就业上岗，破解本地技能型人才“招工难”与低技能劳动者“就业难”的结构性就业矛盾。2021 年已开展“靶向培训”7487 人，输送至市内重点企业上岗 4350 人。

四、“多通道”职业晋升，加快产业工人成长

（一）打造技能竞赛品牌。健全以行业技能竞赛为主体、企业岗位比武为基础的技能竞赛体系，创新集岗位练兵、技能竞赛、校企合作、技能人才现场招聘会四位一体的技能竞赛模式。2018 年 1 月至 2022 年 4 月，开展 50 余场次、100 余项行业技能竞赛，促进优秀技能人才脱颖而出。

（二）加大典型培育力度。先后有 2 人获评“全国技术能手”，6 人获评“全国劳动模范”，4 人获得“国务院政府特殊津贴”，4 人获得“省政府专项津贴”，1 人获评“湖北工匠”，3 人获评“湖北省技能大师”，29 人获评“湖北省首席技师”，3 人获评“湖北省民间工艺大师”，38 人获评“湖

北省技术能手”，24 人获评“湖北省劳动模范”，10 人获评“荆楚工匠”，40 人获评“车城工匠”，80 人获评“十堰市行业技术能手”。

（三）推进职业技能等级认定。大力支持企业开展技能人才自主评价，积极推进技工院校和社会培训评价组织开展职业技能等级认定。2022 年已完成 24 家职业技能等级评价机构的审核、评估、备案工作，涉及 5 家企业、2 所技工院校、17 个社会评价组织，已开展职业技能等级认定评价 4 批次共 135 人。

以争先有为者为本
打造新时代高素质产业工人队伍

中国建筑第三工程局有限公司

编者按： 中国建筑第三工程局有限公司秉承争先文化，深耕职工思想引领、素质提升、职业发展等领域，以拼闯争先的价值追求引领产业工人队伍建设改革。通过先进理论、正确舆论、争先文化的熏陶引领，凝聚起争先奋进的磅礴力量；全面实施职工技能竞赛、创新创造、综合素质提升三大举措，打造知识型、技能型、创新型产业工人大军；搭建“双平台”企业大学，建立“双职级”认证机制，构建“全方位”培养体系，以完备的职业发展体系筑牢企业发展的“人才地基”，推动产业工人队伍建设改革不断走深走实。

自2017年产业工人队伍建设改革启动以来，中国建筑第三工程局有限公司深耕职工思想引领、素质提升、职业发展等领域，努力打造了一支敢打硬仗、善打胜仗的新时代产业工人队伍。目前，自有职工3.7万人，其中享受省部级及以上政府特殊津贴者，获得“劳动模范”“五一劳动奖章”“突出贡献者”荣誉者以及行业协会专家等有264名，具有高级及以上职称的有3300余人，获得一级建造师、注册造价师等国家注册类执业资格的人员有8000余人，可同时组建1800余个大型项目管理团队。

一、凝聚争先的磅礴力量

（一）以先进理论武装职工。常态化开展理想信念教育，形成了党委中心组学习、党支部“三会一课”、工地夜校、讲习所等立体化教育体系，推动习近平新时代中国特色社会主义思想进班子、进总部、进工地、进班组。打造中国建筑科技馆、攀枝花开发建设纪念馆，其中中国建筑科技馆入选国务院国资委首批中央企业爱国主义教育基地名单，引导广大职工从红色历史中汲取奋进力量。

（二）以正确舆论引导职工。深入开展形势任务教育，2021 年组织宣讲活动 1500 余场次，把职工思想和行动统一到高质量发展的宏伟目标中来。打造由网站、微信、抖音等组成的融媒体平台，建立劳模故事、劳动故事、工匠故事高效传播机制。年均在《人民日报》、新华社、央视等核心媒体发稿数千篇。特别是 2021 年，职工典型事迹和重大成果被央视《新闻联播》、新华社、《人民日报》各平台头条或头版报道 60 余次，以主流舆论引领职工争先有为、建功立业。

（三）以争先文化凝聚职工。构建了以“敢为天下先，永远争第一”为核心的企业文化，编印《敢为天下先》《筑典春秋》等系列文化产品，通过奇崛辉煌的发展历程激发广大职工拼搏奋进的使命担当。每年组织“争先”主题征文、演讲、书画展览、摄影比赛等文化活动 100 余场，持续增强职工的文化归属感。

二、加强争先的能力建设

（一）技能竞赛全面覆盖。围绕各业务系统核心能力建设，各级单位每年开展竞赛活动达 100 余场次，实现在建项目全覆盖、施工过程全覆盖、核心业务全覆盖，全面引领职工技能水平提升。积极参与对外技能交流，每年有 30 余位选手在省部级、行业级技能竞赛中斩获佳绩，2020 年公司获全国装配式建筑职工职业技能大赛团体冠军。

（二）创新创造全面见效。广泛开展“金点子”征集、“我是创客”等创新活动，每年 4000 余人参与。累计创建省级劳模工匠创新工作室 17 个。通过创新活动孵化创新成果，每年获省部级科学技术奖超 20 项、专利授权

200 余项。近年来，公司职工团队全球首创的超高层建筑智能化施工装备集成平台“空中造楼机”被誉为建设“中国高度”的大国重器，先后亮相外交部湖北全球推介会、全国首届大国工匠创新交流大会。

（三）综合素质全面提升。建立职工体育协会，打造“争先杯”系列赛事，每年参加对外体育交流 40 余次，获评“全国群众体育先进单位”。建立职工文联、作家协会，设置摄影、书法等多个兴趣协会，培养全国级、省级摄影家协会、作家协会等各类协会会员 60 余人。广泛组织知识竞赛、项目管理论坛、高质量发展论坛等活动，以赛促学、以论明智，打造知识型劳动者大军。

三、夯实争先的职业保障

（一）搭建“双平台”企业大学。线上搭建网络学院，涵盖 5 个专业分院，为公司职工提供全业务、全系统的线上学习平台。线下组建争先学院，开展实体化运作，系统推进公司职工教育培训体系建设。2021 年，公司层面实施培训项目 50 期，累计培训 18417 人次，职工专业素养全面提升。

（二）建立“双职级”认证机制。在行政职级体系外，深化专业职级建设，划分 22 个序列 6 个等级，以员工的知识、技能、业绩和能力为核心要素，对每个等级进行人才画像，形成了“均衡统一、协调有序”的专业职级标准体系。目前已评聘特级专家 19 人、资深专家 276 人、专家 338 人，有初、中、高级职业资格证书的达 8000 余人。“双职级”认证机制的运行，打破了职工发展必与行政职级挂钩的“独木桥”思维，使大量专业骨干能够长期稳定地扎根基层，成为筑牢“人才地基”的坚砖强石。

（三）构建“全方位”培养体系。灵活施策，针对高校毕业生，制订“1231+2”新员工入职培养计划；针对入职 1~9 年的青年员工，打造“星青年”计划；针对核心骨干人才，创造性提出“四类人才”计划，通过构建评价数据模型、定期滚动盘点、过程考核淘汰、择优提拔任用等成体系的机制，截至目前已产生“领军帅才”43 人、“转型闯将”71 人、“行业精英”5 人、“专业能人”2500 人，成为服务企业高质量发展、引领行业进步的核心力量。

实施四大行动　促进四链协同
凝聚推动产业工人队伍建设改革的强大合力

湖南省长沙市新时代产业工人队伍建设改革协调小组

编者按： 湖南省长沙市全面落实“三高四新”战略定位和使命任务，深入实施“作用发挥行动”“素质提升行动”“福祉促进行动”“支撑保障行动”“四大行动”，积极促进产业链、人才链、价值链、保障链“四链”深度融合、协同发展。通过建立“五个一”的工作机制，加速推进以产教融合促进职业教育发展、构建产业工人技能评价体系、创新改进技能培训方式、扩大产业工人社会影响力等，促进产业工人队伍建设改革行稳致远。

湖南省长沙市始终把产业工人队伍建设改革作为促进经济社会高质量发展的一项基础工程抓紧抓实，通过实施“作用发挥行动”“素质提升行动”“福祉促进行动”“支撑保障行动”“四大行动”，凝聚各方工作合力，促进产业链、人才链、价值链、保障链“四链”同步提升，推动改革落地见效。

一、对接产业链，开展“作用发挥行动”

以产业链建设的实际需求引领产业工人队伍建设改革，全市 268 个高职专业点中有 147 个对接了 22 条产业链，实现了供需匹配、有机结合。

（一）开展劳动竞赛为建设产业链加油鼓劲。以重大项目、重点工程劳动竞赛凝聚和激发产业工人投身经济建设主战场的磅礴力量。2021 年，开展了覆盖全市 1575 个省市重点建设项目的劳动竞赛，各区县也组织了 340 家企业、1.48 万人次职工参加。

（二）加强安全生产为发展产业链保驾护航。大力推广安全标准化班组建设，开展“一会三卡”优秀单位评选；在工伤预防经费中列支专项费用，开展职业健康教育和职业病防治工作；组织1000多家企业、12万余人次职工参加“安康杯”竞赛活动，维护产业工人的安全健康权益。

（三）推动建会入会为延伸产业链夯实基础。各级工会积极响应产业链优化升级的工作部署，全力推动建会入会工作扩面提质。自2021年来，在新兴产业和新就业形态劳动者中新建行业工会19家、企业工会1125家，新发展会员9.85万余人。

二、做优人才链，开展“素质提升行动”

把建设一支高素质长沙产业工人大军作为改革的首要目标，形成了各职能部门、群团组织、企业单位一条心、一盘棋的工作格局。

（一）产教融合促进职业（技工）教育高质量发展。出台《长沙市职业教育改革发展行动方案》等文件，投入35.87亿元落实职业教育生均拨款制度，从顶层设计层面优化职业教育发展路径。出台《长沙市职业院校校企合作实习实训基地认定和管理办法》，推广“校企双主体”合作育人新机制，拨付专项经费用以支持企业建设实习实训基地。2021年开设企业合作订单班180个，建立校企共建共享实习实训基地500余个，打造了“长沙终身教育学习网”，开通了“乐学长沙”微信公众号，上线各类课程8000多门，累计访问量2600万人次，为实现产业工人“人人皆学、时时能学、处处可学”创造了有利条件。

（二）打造具有长沙特色的产业工人技能形成体系。开展“职业技能提升行动”，以构建终身职业技能培训制度为目标，打造“1+2+4+8”培训政策体系；设立“职业技能提升行动专账”，计提资金10.21亿元，2021年共开展各类补贴性职业技能培训41万余人次。实施“长沙工匠铸造工程”，构建长沙工匠技能竞赛“5+N”模式，连续举办四届“十行状元、百优工匠”竞赛，对竞赛选拔出的行业状元、工匠每人分别奖励6万元、3万元，至今已抉出状元36名、工匠324名。2021年“星城杯”“融城杯”等职业技能竞赛覆盖近10万名职工；12名职工在全国职工职业技能大赛中脱颖而出，获评“全国技术能手”；对获得“全国技术能手”的职工，给予个人100万元、单位50万元的奖励。同时，将高技能人才纳入全市高层次人才C、D类管理范畴，享受住房、就学等相关优惠待遇。

（三）强化和落实企业培养产业工人的主体责任。持续推进企业职工培训中心的建设和认定，现已认定37家，其开展的产业工人技能培训可享受市财政补贴。开展新型学徒制培训，把职业学院（技校）毕业生到企业顶岗实习等作为企业新型学徒制培养方式之一，按照培养高级技工8000元/人/年、中级技工6000元/人/年的标准给予专项补贴。通过“师带徒”活动、创办“工匠学院”等方式，为产业工人技能培训提供服务，2021年新建“劳模和工匠人才创新工作室”10个，新增高技能人才劳模工匠师徒514对，共征集创新成果240余项、合理化建议7313项（条），为企业创造利税1.32亿元。

三、提升价值链，开展“福祉促进行动”

把发展产业工人的福祉利益、畅通产业工人的职业发展渠道、增进产业工人的社会认同度作为改革的重要任务。

（一）切实维护产业工人的经济利益。积极巩固发展和谐劳动关系，人社、公安、网监、应急、工会等部门加强合作，建立了劳动关系监测预警和分析研判机制、劳动争议和劳资纠纷处置联调联动机制、维稳处突协调协同机制等。落实企业工资指导线制度，及时发布人力资源市场工资指导价位，持续开展企业薪酬调查工作，2年内已调查2900余家企业。2021年筹资2000余万元，持续推行普惠职工的“四送四助”活动，并开展职工法律援助行动181起、企业法律体检12次，为职工挽回经济损失1.7亿元。

（二）积极做好产业工人的政治安排。推选3名产业工人作为省党代会代表、20名产业工人作为市党代会代表、24名产业工人作为市人大代表。2年来，累计在劳模工匠、技术能手、一线骨干等优秀产业工人中发展党员、预备党员和入党积极分子6000余人。选拔、推荐20名优秀产业工人兼任各市级群团组织班子成员。

（三）创新改进产业工人的技能评价方式。探索建立了以职业属性和岗位要求为基础的产业工人分类评价体系，引导支持企业、行业组织和社会组织自主开展产业工人技能评价。允许在生产领域一线岗位从事技术技能工作且符合相应职称评审条件的高级技师（一级）、技师（二级）、高级工，直接对应申报参评高、中、初级职称；对获得世界技能大赛奖项和获评“全国技术能手”的高技能人才，直接认定相应的专业高、中级职称。

（四）积极扩大产业工人的社会影响力。侧重在基层一线评选“劳动模范”“五一劳动奖”“工人先锋号”等荣誉。运用地铁、公交、的士广告位和“学习强国”、掌上长沙、星辰在线等网络平台，打造线上、线下相融合的劳模工匠宣传矩阵，职工受众超百万人次。拍摄《长沙记忆》劳模工匠系列微纪录片，在国内首次以史料纪录片形式为普通产业工人著史立传。

四、强化保障链，开展“支撑保障行动”

以凝聚各相关单位工作合力作为促进产业工人队伍建设改革行稳致远、落地见效的根本保障，建立了“五个一”的工作机制。

（一）建立一个协同机制。成立改革工作协调小组，建立健全推进改革的牵头负责制度、工作联络制度、督查督办制度等工作机制，协调小组定期召开会议推进改革工作不断向前。

（二）形成一个联络名单。改革任务各牵头单位、参与单位均需明确对应业务部室作为责任部室，安排专人作为联络员，产业工人队伍建设改革办公室牵头形成联络员名单并组建微信工作群，及时联络和解决改革中遇到的具体问题。

（三）细化一套任务清单。产业工人队伍建设改革办公室牵头制定改革任务分解表，再由牵头单位负责，会同各参与单位，逐项制定实施方案，出台改革举措，各项改革任务形成了明确的路线图、任务书、时间表、责任状，有力有序推进改革任务落地落实。

（四）形成一套督导机制。产业工人队伍建设改革办公室督促各改革任务牵头单位定期会商参与单位，报送改革任务完成情况，并将推进情况和工作成效等纳入年度绩效考核任务指标。同时，督促各区县全部成立了产业工人队伍建设改革协调小组，出台了实施方案。

（五）推动一系列改革试点。下发《关于开展新时代产业工人队伍建设改革全面试点工作的通知》，部署在市本级和长沙高新区、雨花区、宁乡市等区县开展整体推进试点，在长沙经开区、威胜集团、楚天科技等开展项目试点，以点带面推动产业工人队伍建设改革走深走实。目前，各项试点工作推进顺利，改革成效逐步显现。

“高铁工匠”为“国家名片”赋能 造就“多位一体”高素质产业工人队伍

中车株洲电力机车有限公司

编者按：中车株洲电力机车有限公司将产业工人队伍建设改革作为企业经营管理提升的基础性工作，实施“党建引领、赋能成长、激励保障”三大工程。通过党建工作引领、理想信念引导、人文关怀感召，培养听党话、跟党走、感党恩的产业工人队伍；开展人才培训强基赋能行动、能力提升竞赛交流行动、劳模工匠创新带领行动，培养知识型、技术型、创新型产业工人队伍；提升一线员工主体地位，落实能力等级评价机制，创新职业等级认定机制，培养有地位、有待遇、受尊重的产业工人队伍。

中车株洲电力机车有限公司是湖南省轨道交通装备龙头企业，是中国高端装备“走出去”的中坚力量。近年来，公司始终坚持把产业工人队伍建设改革作为实现高质量发展的基础性、战略性工程，把好政治方向，完善体系保障，不断深化改革，让产业工人在“建设世界一流中车”的逐梦路上不断增强获得感、幸福感、安全感。

一、实施党建引领工程，培养听党话、跟党走、感党恩的株机产业工人队伍

（一）用党建工作引领产业工人。着力实施“四力一品”党建金名片建设，将党建工作与产业工人队伍建设改革深度融合。设立46个党员示范岗、57个党员责任区，引导产业工人党员争当安全生产能手、创新创效模范、服务群众先锋。不断加大“双培养”力度，把技术能手、生产骨干、

优秀一线工人吸收到党组织中来，把一线党员培养成组织放心、业务过硬、群众满意的优秀产业工人，引领广大产业工人主动提高思想觉悟，永葆工人阶级政治本色，争做“株机好工人”。近5年，发展一线产业工人党员180余名，一线工人党员比例达到40%。

（二）用理想信念引导产业工人。一方面，坚持用新思想新理念新战略、党史国史企业发展史强化产业工人思想武装。通过举办业务骨干“学党史、强担当、做表率”集中轮训，使1500余名业务骨干接受党史学习教育；各基层单位开展“周周微党课”“百年党史文化长廊”等主题活动，让党史学习“红色风”进车间、进班组。另一方面，不断创新工作方法，依托“工匠大讲堂”“名师带徒”等活动载体，不断加强对技能员工的思想引领，激励广大员工凝心聚力共谋企业发展。

（三）用人文关怀感召产业工人。把人文关怀融入党建和思想政治工作当中，突出心理疏导，做好“四必清、五必谈、六必访”工作，引导员工与企业同呼吸、共命运、心连心。推动思想政治工作优势、企业文化优势转化成企业竞争优势、发展优势，发挥企业文化的独特优势，以文化人、以文育人，打造高素质产业工人队伍。

二、实施赋能成长工程，培养知识型、技术型、创新型的株机产业工人队伍

（一）开展人才培训强基赋能行动。打造“现场＋现操”一体化模式的员工培训道场，建立“微课程”教学视频库，近5年共有810人参与一体化技能培训，“微课程”访问量达10万人次。开展高技能产业工人参加工程系列职称申报工作，“双师型”、复合型技能人才培养机制不断完善。新冠肺炎疫情暴发前，公司每年选派20余名优秀产业工人赴德国、日本等国家，分层分类开展国际化培训，为海外市场拓展提供高质量的技能人才供应。

（二）开展能力提升竞赛交流行动。坚持以赛促学树标杆、以学提能强素质，着力通过竞赛提升产业工人技能水平。近 5 年，公司举办各类技能竞赛 70 场次，累计 1400 人次产业工人参与竞赛，200 余名产业工人通过竞赛实现技能等级提升，一批优秀产业工人脱颖而出，成为“智慧株机”的中坚力量。同时，鼓励产业工人参与国家、省、市各级各类大赛，对获得市以上竞赛名次的给予重奖。近 5 年，获市级以上竞赛荣誉的产业工人共有 80 人次。

（三）开展劳模工匠创新带领行动。以劳模工匠为核心，在技术含量高、带动作用大的关键工种，建立劳模工匠创新工作室，充分发挥劳模工匠引领带动作用。已建立劳模工匠创新工作室 15 个，开展名师带徒 581 对、工艺技术人员与技师结对 21 对，有效解决了生产中的痛点、难点问题。同时，公司还组织 35 名劳模专家与在校教师结对，联合开展技术攻关、教材开发、技能竞赛、技能培训等，实现劳模工作室与名师工作室的资源共享，进一步激发产业工人的创新能力。

三、实施激励保障工程，培养有地位、有待遇、受尊重的株机产业工人队伍

（一）提升一线员工主体地位，强化产业工人队伍建设支撑保障。一方面，践行以产业工人为中心的发展思想，拓宽产业工人参政议政的渠道，安排一线工人代表参加党代会、职代会、绩效发布会，畅通产业工人建言献策渠道，提升产业工人参与公司经营管理的能力。另一方面，构建多层次员工生活保障体系和困难员工三级帮扶体系，深入实施株机特色的员工健康工程，扎实推进职工小家建设，在车间、班组建设各类职工小家、读书吧 217 个，保障产业工人身心健康。

（二）落实能力等级评价机制，实现员工技能岗位高效匹配。建立基于工位的技能员工能力等级（SPNK）评价机制，通过建立能力评价与聘用模

型，将技能员工匹配到合适的工位，并获得与其价值相符的劳动报酬。班组根据员工能力等级进行工位岗位的聘任，实现员工岗位配置的高效精准。目前，公司已将 SPNK 评价机制在 21 个工位落地实施，每年增投总额达 60 余万元，并将继续加大 SPNK 技能岗位匹配模式推广应用的力度。

（三）创新职业等级认定机制，拓宽产业工人成长发展空间。重点关注高技能领军人才成长，构建领军人才职业发展绿色通道。搭建高技能人才参与公司重点项目、科技创新、发明创造、工艺改善、技术攻关的牵引平台，完善技能操作人员“阶梯型”层级认定和等级晋升机制，让产业工人不仅“能参评”，还能“评得上”“评得快”，为产业工人开展技术创新提供良好的服务保障。

紧盯重点任务　实施改革攻坚
为建设社会主义现代化新湘潭提供人才支撑

湖南省湘潭市新时代产业工人队伍建设改革协调小组

编者按：湖南省湘潭市建立健全产业工人队伍建设改革协调机制，加强对改革工作的宏观指导、政策协调和组织推进；坚持党员队伍引领、思想政治引领、劳模工匠引领，筑牢产业工人紧跟党走的思想政治根基；注重培训赋能、竞赛育才、政策护航，打造精业强能的技能人才队伍；提高产业工人政治地位、提高维权服务水平、提高产业工人生活品质，营造关爱、激励的浓厚环境氛围，有力推动产业工人队伍建设改革各项任务的落地见效。

湖南省湘潭市是重点工业城市，是国家首批产业转型升级示范区，拥有职工 67 万人，其中产业工人 37 万人。产业工人队伍建设改革启动以来，湘潭市将产业工人队伍建设改革工作纳入市“十四五”规划和市委深改工作要点，成立由市委副书记挂帅的工作协调小组，建立全市 26 个市直责任部门“一把手”负责的联动机制，印发《关于组织实施湘潭市新时代产业工人队伍建设改革八大行动的通知》等一系列文件，紧紧围绕产业工人思想引领、建功立业、素质提升、地位提高、队伍壮大等重点任务扎实开展工作，推动改革取得积极进展。

一、坚持“三个引领”，筑牢紧跟党走的思想政治根基

深入实施“党建领航”工程，引领广大产业工人听党话、跟党走。

（一）党员队伍引领，树立旗帜。以提升组织力为重点，优化企业党组

织设置，不断提高工人党员比例，把更多的技术能手、青年专家、优秀工人吸收到党组织中来。3 年来，共发展产业工人党员 1065 名，占新发展党员的 4.55%。目前，全市产业工人党员达 11923 名，占全市党员的 5.63%。

（二）思想政治引领，立根铸魂。推动学习宣传习近平新时代中国特色社会主义思想到企业、进车间、下班组。以庆祝新中国成立 70 周年、中国共产党成立 100 周年为契机，深入开展工人阶级政治使命教育，开展“百万职工颂歌献给敬爱的党”等群众性歌咏比赛活动，组织举办“湘悦读·工力量”职工主题阅读、“湘观影”、“潇湘家书”、“光影铸魂”等活动，在主流媒体开设专题专栏，使全市职工的精神力量正气充盈。

（三）劳模工匠引领，示范带动。健全市县定期评选劳模的长效机制，目前，全市有市级以上劳模 957 人，其中产业工人占 40% 以上，涌现出了艾爱国、刘新新等一批先进典型。在全市建立一批“莲城工匠”培育和竞赛基地、劳模助力乡村振兴示范基地和劳模工匠创新工作室，大力实施“匠育良才”等“传帮带”活动，用劳模工匠精神引领产业工人迅速成长。

二、突出“三个注重”，打造精业强能的技能人才队伍

抓住技能素质提升这个关键，着力加强制度创新、政策供给和投入力度。

（一）注重培训赋能。实施技能人才成长专项行动，建立以企业行业为主体、职业院校为基础、学校教育与企业培养紧密联系、政府推动与社会支持相结合的技能人才培育模式。实施“金蓝领”培训工程，3 年来市财政共投入 10.65 亿元专项资金用于发展职业教育。深入实施“一户一产业工人”培养工程，将有劳动能力的困难下岗职工纳入培训就业扶持体系，精准培训学员并推荐就业 6182 人。目前，湘潭技能人才总数达 14.8 万人，其中 24.3% 为高技能人才。湘潭技能人才培育模式被人社部评为全国优秀案例。

（二）注重竞赛育才。以企业和产业工人为主体，积极开展重点工程竞赛、工业企业竞赛、生态建设竞赛、服务行业竞赛和女职工“芙蓉杯”竞赛的“五位一体”劳动竞赛。3 年来，参赛单位 1700 余家，开展竞赛活动 4800 多场次，参赛职工 110 余万人次。大力开展练兵比武，积极举办各类职工职业技能大赛，产生 200 余名“湘潭市技术能手”。近 5 年来，全市共有 8 名选手在国家级技能大赛中获一等奖，26 名选手在省级技能大赛中获一等奖。

（三）注重政策护航。在湖南省率先建立职业技能提升补贴制度，3 年来累计开展各类职业技能培训 15 万人次、投入补贴资金 1.1 亿元。深化职称制度改革，对符合条件的优秀高技能人才可直接认定相应专业的中、高级职称。加强引才育才，发布升级版《莲城人才行动计划》，计划在未来 5 年着力培育、引进高技能产业人才 5000 人以上。设立产业科技领军人才奖励、“莲城工匠”选树、产业人才引进等专项经费，有效激励和保障了产业人才队伍发展。

三、抓实“三个提高”，营造关爱、激励的浓厚环境氛围

坚持以职工为中心，努力为产业工人办实事、做好事、解难事。

（一）着力提高产业工人的政治地位。畅通产业工人参政议政渠道，大力增加产业工人在各级“两代表一委员”、群团组织代表委员中的比例。产业工人在市级“两代表一委员”中的比例分别达到 4.4%、3.8%、3.6%，艾爱国等 3 名产业工人当选为省党代会代表。湘潭市总工会常委会、委员会中的产业工人比例分别达到 16%、12%。产业工人在群团组织的挂职、兼职制度全面落实。

（二）努力提高维权服务水平。积极维护新就业形态劳动者的合法权益，开展八大群体集中入会行动，新建工会组织 500 家，发展工会会员 5 万余人。加强劳动关系三方协商机制建设，高度重视根治拖欠农民工工资

工作。积极开展职工心理咨询师、律师、劳动争议调解师“三师进园区服务职工活动”和“尊法守法·携手筑梦”服务农民工公益法律服务行动。深入推进厂务公开民主管理工作，持续深化工资集体协商工作，加强劳动监督保护，使得全市劳动关系领域和谐稳定。

（三）全力提高产业工人的生活品质。建立“我为职工办实事”长效机制，常态化为职工提供医疗互助、大病救助、春送岗位、夏送清凉、金秋助学、冬送温暖等服务，工会经费服务基层和职工比例保持在 65% 以上。投入 3000 余万元帮助 2900 多户城市困难职工实现解困脱困；筹措发放“双联”帮扶资金 1784 万元，惠及企业 1580 家次、职工 8.35 万人次；建成“工会户外劳动者服务站点”118 家；发放“湘消费”职工福利电子消费券 1.6 亿元，广大产业工人的获得感、幸福感、认同感不断增强。

思想引领促改革 “四力提高”助发展

海南省发展控股有限公司

编者按：海南省发展控股有限公司充分发挥省属国有企业排头兵作用，以加强产业工人思想政治引领为抓手，积极探索推进产业工人队伍建设改革，通过“四聚焦、四着力”工作模式，强化理想信念教育，广泛凝聚共识，激励和动员公司系统产业工人奋发有为、建功立业，助力海南自由贸易港高质量发展。

海南省发展控股有限公司（以下简称“海南控股”）成立于2005年，截至2022年5月底，公司资产总额1724亿元，下属参股、控股公司300家，全系统在岗从业人员1.9万人，为海南省首家资产规模破千亿元的国有企业。公司于2021年6月被确定为海南省第二批产业工人队伍建设改革试点工作的“强化产业工人思想政治引领”项目试点单位，目标任务是坚持党建引领，以加强产业工人思想建设为工作主线，凝聚公司产业工人的磅礴力量，汇聚智慧力量为海南自由贸易港建设建功立业。

一、聚焦思想引领，着力提高产业工人的凝聚力

坚持用习近平新时代中国特色社会主义思想武装头脑，建立健全企业班组常态化学习制度，认真落实“第一议题”制度，通过党委会、理论学习中心组、下基层宣讲、讲党课等形式，强化融会贯通、知行合一。深入开展党史学习教育活动，赓续红色精神血脉，组织赴井冈山培训、专家宣讲等各类学习活动295场，设立“联建课堂”“竞赛课堂”等五大课堂，先后挖掘43个支部故事、49个“两优一先”党员感人事迹，在公司广泛开

展学习活动。打造莺歌海盐场等海南控股特色党建文旅基地，精心设计3条“红色之旅”活动路线，同时开展读书分享会、“PARTY TALK视频宣讲”、“送党课到项目上”等活动。

二、聚焦党组织建设，着力提高产业工人的战斗力

广泛开展“学党史、破难点、开新局”的党建与生产经营深度融合活动，成立21支“党员突击队”；各基层党组织成立党员先锋队、突击队；在水利建设、代管代建项目、美丽乡村建设等领域成立了15个临时党支部，开展技术攻关、劳动竞赛，攻坚克难，解决各类堵点问题154项；机场板块并购顺利完成，琼西北供水工程财政配套资金拨付问题得以解决，迈湾、天角潭等水利枢纽项目以及省人民医院观澜湖项目等多个医疗、文教重点项目的施工难题得到破解；全年完成投资超300亿元，再创历史新高。加大在产业工人中发展党员的力度，让先进的产业工人业务上提高、政治上成长。全球精品党支部自2022年2月成立以来，发扬井冈山创业精神，打赢了海南控股全球精品免税城1期“1·31”和2期“8·30”筹备开业、参与召开第一届中国国际消费品博览会筹备会等多场攻坚战。他们的身体力行深深影响着身边的青年职工，在不到10个月时间里，共有58名员工向党组织递交了入党申请书。

三、聚焦先进文化培育，着力提高产业工人的向心力

聚焦产业工人思想、生活、工作问题，深入开展“我为群众办实事”实践活动，将项目食宿、提高午餐标准等职工关心、关注的重点、难点问题列入台账重点督办并予以解决；为行走不便的高龄退休人员进行入户上门认证65人次；海南控股工会办公室为家庭经济困难、女儿身患遗传性疾病的职工王高林募集爱心捐款224775.86元；着力消除职业危害，为生产型企业一线工人提供职业病专项体检。开展职业健康教育，发布心理健康、

情绪管理、营养膳食等线上课程，为重点项目食堂提供营养膳食优化建议，保障一线工人健康权益，海南控股也成功入选海南省卫健委认定的首批“海南省健康企业”。开展安全生产培训978场次，参训人员达13139人次；组织职工接受急救技能培训，提升自救互救能力。

四、聚焦营造成才氛围，着力提高产业工人的成长力

在重点项目一线广泛深入持久开展劳动和技能竞赛，大力弘扬劳模精神、劳动精神、工匠精神。在公司重点项目一线开展“大干一百天　献礼建党100周年”等主题劳动竞赛活动，掀起“比学赶超”的热潮，以超常规举措推动项目进度，在海南自由贸易港建设大局中发挥主力军作用。积极构建多层次人才培养体系，着力提升产业工人综合素质。以“能力提升建设年”活动为契机，梳理并建立“能力提升”计划工作台账232条、练兵计划工作台账76条，举办培训班1508期，参训人员达96216人次。探索建立产业工人技术等级晋升制度，畅通人才发展通道。制定《职级晋升管理规定》等人事制度，实现对职务体系制度化和规范化的管理，以完善激励、约束机制奖优惩劣，加大对产业工人的薪酬激励力度。持续深入开展职业等级认定工作，不断拓宽公司一线技能人才的职业发展通道，为公司高质量发展储备更多人才。

实施“三项工程”
扎实推进产业工人队伍建设改革落地见效

重庆市能源工会

编者按： 重庆市能源工会围绕强化思想引领、促进成长成才、做实维权服务等重点工作，实施“三项工程”，推进产业工人队伍建设改革落地见效。实施“固本铸魂”工程，通过坚持党的领导、强化思想引领、落实政治地位，加强产业工人的理想信念；实施“精技强能”工程，通过开展劳动和技能竞赛、发挥劳模创新工作室作用、加大创新创效扶持，提升产业工人的专业素养；实施“暖心惠工”工程，通过维护合法权益、竭诚服务职工、拓宽发展空间，激励产业工人担当作为。

重庆市能源系统有 25 家直属工会，覆盖 320 余家基层工会组织、5.4 万余名产业工人。近年来，重庆市能源工会围绕强化思想引领、促进成长成才、做实维权服务等重点工作，实施“三项工程”，推进产业工人队伍建设改革落地见效。2021 年，重庆市能源系统被评为全国能源化学地质系统产业工人队伍建设改革示范单位。

一、着眼加强产业工人理想信念，实施“固本铸魂”工程，持续抓实教育、强化引领

（一）坚持党的领导聚心气。着力实施“党建引领”行动，在系统内实现工会班子党员全覆盖，消除零党员班组。部署开展“青苗育红”行动，从产业工人中发展党员 300 余名、确定入党积极分子 420 余名。

（二）强化思想引领树正气。加强思想政治教育，开展思想引领活动

3000余场，参与职工达14万余人次。加强职业精神教育，组织开展劳模工匠专题宣讲400余场，选拔培树能源系统“最美产业工人”20名。

（三）落实政治地位鼓士气。扩大民主参与范围，将系统内各级党代会、职代会、工代会中一线代表的占比提高至80%以上，13名一线职工被评为第六届“重庆市劳动模范”。完善民主协商机制，集体合同签订率达100%，建设全国级厂务公开民主管理示范点3个、市级示范点2个。在改革改制等复杂情况下，各级职代会的职能职责得到充分发挥，产业工人的民主权利得到有效保障。

二、提升产业工人专业素养，实施“精技强能”工程，全力搭建平台、提供舞台

（一）提升“赛”的成效。紧扣重要行业、重点工程，高标准组织劳动和技能竞赛，牵头举办市级重点竞赛8场、产业工会级竞赛25场，系统各单位开展竞赛2400余场，覆盖职工13万余人次，涌现出“巴渝大工匠”2名、“巴渝工匠”10名，在培养懂技术、会创新的新时代产业工人队伍的过程中，充分发挥了工会作用。

（二）发挥“带”的作用。健全完善劳模创新工作室在融智创新和人才培养中的示范引领功能，以国网重庆市南供电公司张毅劳模创新工作室为标杆，创新开展“好工匠亮绝活”“好工匠赛技艺”“好工匠带徒弟”等活动，提炼绝活绝招32条，赛出“好工匠”24名，结成亦师亦友的典型师徒12对，全系统取得创新成果1000余项，创造经济效益超2亿元。

（三）加大“创”的合力。持续加大对创新创效的扶持力度，引导7家单位探索创建创新工作室联盟，带动广大产业工人立足岗位、创新创效。积极引导基层企业建立完善科技创新长效机制，“职工技术创新全过程管理”“科创人员绩效薪酬独立考核模式”等创新性制度有效激发了产业工人科技创新的活力。

三、激励产业工人担当作为，实施“暖心惠工”工程，切实尽心维权、用心服务

（一）“实打实”维护合法权益。充分发挥群防群治、群众监督的组织优势，通过安全生产月、应急演练、专项检查等活动全面筑牢安全防线；积极探索新型维权维稳工作机制，广泛建立健全诉求服务中心、厂长经理接待日、工会主席信箱、服务专线等诉求服务体系。

（二）“面对面”开展职工服务。在做实“四季帮扶”等品牌工作的基础上，组织基层工会积极打造爱心妈咪小屋，开展心理疏导，解决职工婚恋难题，成功创建市级职工心理服务建设示范点 2 个。全覆盖成立各类职工文体协会，年均开展群众性文化活动近万场。以建立完善梯度帮扶体系为抓手，累计拨付帮扶资金 2600 余万元，帮助 1819 户建档困难职工家庭实现脱困解困，引导各基层单位筹集资金 7260 万元，惠及困难职工 3.5 万余人次。

（三）“心贴心”拓宽发展空间。引导企业党、政、工三方合力破解产业工人职业发展通道狭窄、上升空间受限的现实问题，系统近 10 家企业已拿出切实可行的人才长效激励机制。华能重庆公司“技术技能人才长效激励机制和分配办法”、重庆煤科院“产业工人发展通道与薪酬体系改革一体谋划”等措施已经初步显现良好效果。

聚焦产改重点任务　收获“三有”工作成效

重庆市环卫集团有限公司

编者按：重庆市环卫集团有限公司重点围绕产业工人队伍思想引领、素质提升、地位提高等改革重点任务，深入推进改革措施落地落细。通过强化政治引领、党建工作、实践锻炼，让思想引领有方向，不断坚定产业工人听党话、跟党走的信念；通过搭建技能培训、岗位练兵、劳模创新平台，让成长成才有通道，推动产业工人从劳动密集型向现代化科技型转变；通过优化晋升激励、薪酬激励、荣誉激励机制，让价值实现有动力，解决产业工人最关注、最现实的发展问题。

重庆市环卫集团有限公司（以下简称“集团”）是环保公益性国有企业，主要负责固废垃圾收运处理、环卫基础设施建设运营工作，现有员工4078人，其中一线产业工人3353人（包括农民工1539人）。集团聚焦环卫行业高质量发展，重点围绕产业工人队伍思想引领、素质提升、地位提高等改革重点任务，深入推进改革措施落地落细，收获“三有”成效。

一、突出“三个坚持”，让思想引领有方向

把产业工人思想政治引领作为重大政治任务，健全常态化学习机制，丰富思想教育措施，不断坚定产业工人听党话、跟党走的信念。

（一）坚持政治引领坚定信念。把解决好产业工人队伍思想“总开关”问题放在首位，构建“第一议题＋理论学习会＋主题党日活动＋组织生活会＋党课培训＋知识测试”六位一体学习教育机制，把“课堂”搬到“班组”，从“讲台”移到“现场”，引导产业工人深刻把握“两个确立”、坚决

做到“两个维护”。

（二）坚持强基固本筑牢堡垒。强化产业工人队伍党建工作，推进基层党组织应建尽建，党员发展计划持续向生产一线倾斜，注重在产业工人中发展党员，集团产业工人党员占党员总人数的47%，基本实现基层班组党员全覆盖。

（三）坚持实践磨砺强化担当。以党建为引领，定期开展主题活动、专题学习，引导产业工人在助推长江经济带绿色发展、成渝地区双城经济圈建设等重大战略工程中建功立业，在垃圾分类、餐厨垃圾处置、水域清漂等重任中久久为功，在重庆建设山清水秀美丽之地的过程中彰显责任担当。

二、搭建“三大平台”，让成长成才有通道

针对环卫领域产业工人学历层次两极化、岗位分布两极化、自身需求两极化等问题，多层级搭建素质提升平台，推动环卫产业工人从劳动密集型向现代化科技型转变。

（一）搭建提升技能水平的培训平台。集团现有内训师160余人，跟踪、评估、反馈、考核等培训机制健全。通过组织开展入职培训、骨干人员集中专题培训、管理人才外送技能学习等“三级”培训，用好、用活“领导班子讲、专家学者讲、内训队伍讲、劳模工匠讲、结对师傅讲”“五讲”方式，切实提升产业工人的专业素养。

（二）搭建技能比武、岗位练兵平台。围绕城市管理、安全生产、特种设备及机械操作、垃圾清运处理等项目开展线上、线下岗位练兵和技能竞赛，把竞赛结果作为先进典型评选、职称评定、技术等级认定的重要参考，充分激发职工的智慧和才干。职工中、高级职称通过率由2018年的65%提升至98%。

（三）搭建劳模创新工作室创新平台。创建杨菊平、唐生桃2个劳模创新工作室，整合集团博士后工作站、多源固废资源能源化研发中心等科研

平台资源，组织产业工人深度参与理论技术和生产应用研究。集团劳模创新工作室研发项目2次入选全国总工会职工创新补助项目，带动职工参与省部级科研课题近30项、发表论文26篇，取得具有自主知识产权的国家实用新型专利145项，多项创新成果获重庆市科技进步奖，产生经济价值上亿元。

三、优化“三项激励”，让价值实现有动力

从解决产业工人关注的突出问题入手，为产业工人提供多途径展示自我、实现价值的通道。

（一）优化晋升激励机制。制定优秀人才管理办法，选优入库、定向培养、动态管理、周期考核，畅通产业工人发展渠道。近年，依靠“职业技能脱贫”走上管理岗位的农民工占中层干部的18%、占生产作业班组长的37%。基层一线职工择优调整至管理岗位的有180名，提任集团及下属企业中层干部38名，分别占集团中层干部的40%、所属单位中层干部的32%。

（二）优化薪酬激励机制。建立以岗位级别评定为抓手的薪酬分配机制，推动薪酬分配向高科技研发人才和苦脏累险一线倾斜，让技能要素、劳动要素参与分配。每年5%的职工根据工作表现、专业技能水平等调整岗位级别；4%的职工根据年度考核结果连续两年优秀或者三年良好晋升薪酬档次。

（三）优化荣誉激励机制。加强先进典型选树培育，共有30余名职工荣获“全国劳动模范”“全国交通建设工匠”“全国优秀环卫工”“重庆市劳动模范”“巴渝工匠”等荣誉。集团通过全面、及时落实荣誉获得者的待遇提升问题，进一步增强其典型示范、带动引领作用。

坚持“三提”措施
推动构建产业工人技能形成体系取得实效

重庆市涪陵区产业工人队伍建设改革领导小组

编者按：重庆市涪陵区紧盯产业工人队伍建设改革“素质提升”重点任务，以“构建产业工人技能形成体系”为突破口，坚持“三提”措施，通过狠抓条件改善、优化专业设置、推进产教融合、强化就业指导，推动职业教育提质；通过创新技能培训模式、拓展技能鉴定评价范围、助推孵化高技能人才，推动技能培训提效；通过素质提升行动、开展技能大赛、先进示范引领，推动发展空间提升。“三管齐下”，全力培育、造就一支高素质产业工人队伍。

重庆市涪陵区是重庆传统的产业大区，产业工人达 32 万人。2021 年，涪陵区被确定为全市第二批市级产业工人队伍建设改革试点单位，也是唯一的区县试点单位。自开展产业工人队伍建设改革以来，涪陵区以“构建产业工人技能形成体系”为突破口，坚持“三提”措施，全力培育、造就一支高素质产业工人队伍，为全面落实产业工人队伍建设改革任务、巩固壮大区域产业、促进经济社会高质量发展奠定了坚实基础。

一、夯实根基，提质职业教育

持续深化现代职业教育制度改革，制定《涪陵区进一步深化职业教育改革实施方案》，建立完善德技并修、工学结合的育人机制。

（一）狠抓条件改善。投入 2.43 亿元统筹推进中职学校标准化建设，新建多媒体教室 98 间、智慧教室 12 间、专业实训室 7 个，新增设施设备

1.6 万件（套）。支持重庆市第二交通技校建成高级技校；推动市医药卫校、区职教中心全面完成重庆高水平中职学校建设任务，并被列入重庆市优质中职学校、优质专业建设名单。

（二）优化专业设置。围绕产业发展优化专业结构，在相关院校新增工业机器人技术应用、汽车钣金与涂装等专业 5 个，建成护理、数控技术等市级以上骨干专业 10 个，专业设置与区主要产业匹配度达 90%。

（三）推进产教融合。建成校外实训基地 175 个、“校中厂”4 个；累计开设企业订单培养班 80 个、培养学生 3225 人；推进“1+X”证书制度、双基地建设等工作。推进中职学校与本科院校对口贯通“3+4”人才培养和中高职“三・二分段制”培养改革，联合设立专业 28 个，累计培养学生 1.2 万人。

（四）强化就业指导。涪陵区始终把毕业生就业工作列为学校“一把手”工程，用好创业就业政策，引导毕业生转变择业观，确保好就业、就好业。3 年来，全区 13920 名中职毕业生就业率保持在 98% 以上。

二、广聚动能，提效技能培训

涪陵区密切关注劳动者的职业需要和产业需求，坚持在产业工人技能素质培训上下功夫。累计举办企业在职职工培训班 220 余个，开展企业新型学徒制培训近 3000 人，切实做到“应训尽训”。目前，全区已有超过 16 万名产业工人具备专业技术职称，占比 50% 以上。

（一）创新技能培训模式。推广“互联网 + 职业培训”模式，用好重庆智能就业平台和重庆职业培训信息管理平台。对 122 个线下培训班共 4546 人的培训情况进行实时监控。通过平台提交开班申请和补贴申请资料，有 3875 人在平台申领职业培训补贴。

（二）拓展技能鉴定评价范围。建成职业技能等级评价机构 8 所，开展鉴定、评价获证人数 7185 人次，完成“百千万”三年计划（2021—2023

年鉴定评价 1 万名产业技能人才）的 71.85%。

（三）助推孵化高技能人才。推动组建自然科学和工程技术领域拔尖人才导师工作室 15 个，培养行业骨干 160 名；建成国家级、市级高技能人才培训基地各 1 个，市级技能大师工作室 4 个。全区 19.7 万名技能人才中，高技能人才占比达 32.30%，共有“全国技术能手”3 人、市级“技术能手”1 人、“重庆英才・技术技能领军人才”1 人、区级企业生产领域拔尖人才 23 人。

三、建好平台，提升发展空间

通过平台建设，进一步营造良好的社会环境，创造良好的发展条件。

（一）统筹推进素质提升行动。聚焦就业重点人群、建卡贫困劳动力等各类劳动者开展素质提升专项行动，涉及 102 个职业（工种），促进 5 万余人次职业能力素质提升，切实提高产业工人的技能水平。

（二）积极开展各类技能大赛。以国家级和市级职业技能大赛为契机，每年举办区级职业技能大赛，同时指导开展各类职业技能竞赛活动。近 3 年，涪陵区中职师生参加职业技能大赛获得市级以上奖项 143 项；在第七届中国・重庆职业技能大赛暨“巴蜀工匠”杯新职业技能大赛中取得 1 金、1 铜、4 个优胜奖的优异成绩。

（三）坚持抓好先进示范引领。大力弘扬劳模精神、劳动精神、工匠精神，认真开展先进模范选树。3 年来，累计培养出“全国劳动模范”1 人、“全国五一劳动奖章”获得者 1 人、“重庆市第六届劳动模范和先进工作者”12 人、“巴渝工匠”1 人，有效激励了产业工人争做知识型、技术型、创新型劳动者，为全面投身经济社会建设主战场奠定了坚实基础。

以职工为中心 以创新为驱动 促进职工与企业双赢

四川德胜集团钒钛有限公司

编者按：近年来，四川德胜集团钒钛有限公司不断探索，求实创新，形成了“党委统一领导、行政主体负责、工会协调推进、部门各司其职”的非公企业产业工人队伍建设改革模式。通过党建带动、强化产业工人思想政治引领，以“岗位贡献论英雄”为价值取向，搭建技能大赛、创新工作室、师带徒、职业培训“四大平台”，积极解决涉及职工切身利益的急难愁盼问题，有力促进职工成才与企业发展，实现双赢。

近年来，四川德胜集团钒钛有限公司探索形成“党委统一领导、行政主体负责、工会协调推进、部门各司其职”的非公企业产业工人队伍建设改革模式，有力推动产业工人队伍素质全面提高，促进职工成才与企业发展，实现双赢。

一、强化思想引领，确保职工有正确的政治方向

坚持党建带动、强化政治引领，不断加强和改进产业工人的思想政治工作，团结引导产业工人坚定不移听党话、跟党走。

（一）以“红”夯基，熔筑组织钢架。坚持“支部建在一线、党员责任区建在重点车间、党员示范岗建在关键岗位”，建立“一线红”党支部（党小组）11个，年均发展骨干职工党员15名，扎实开展党史学习教育，引导职工在经常性锤炼中传承红色基因。

（二）以“领”定向，淬炼职工刚性。创新打造“德胜工匠”品牌，围

绕职业道德、技术革新、生产攻坚等方面，选树“德胜工匠”340名，邀请省级劳模工匠代表进企业讲述劳模故事、劳动故事，进一步激发职工“比学赶超”的热情。

（三）以“带”增劲，锻造发展钢力。大力开展党员先锋示范岗、党员责任示范区域等创建活动，党员职工模范带动作用不断凸显。公司2021年完成项目攻关125个，新申请专利63项，实现降本增效3000多万元，连续4年入榜“四川企业技术创新发展能力100强”企业和全国钢铁协会企业吨钢利润率前五位。

二、聚焦素质提升，引导职工树立实干价值取向

引导职工树立以“岗位贡献论英雄”的实干价值取向，搭建技能大赛、创新工作室、师带徒、职业培训“四大平台”，推动职工综合素质不断提升。

（一）以技能竞赛“比武提能”。建立常态化技能竞赛机制，每年固定3个月为技能竞赛主题月，年均投入600余万元专项用于竞赛开展，并将竞赛结果与工匠、技师评选挂钩。

（二）以创新创效“激励提能”。建立全员创新驱动管理考核激励机制，通过创新工作室、“五小”创新活动、“金点子”评选等，引领职工踊跃创新创效。2021年收集职工革新建议2000余条，公司9个职工创新工作室完成创新攻关35项，职工创新创效产生效益4100余万元。

（三）以技艺传承“帮带提能”。创新“师带徒”激励机制，建立厂（部）长、车间主任、班组长“传帮带”三级考核机制，并从职级晋升、工资待遇、精神荣誉等方面拓宽“师傅”职业发展通道，促进“德胜名师”、骨干员工的“传帮带”作用不断发挥。

（四）以职业培训“对标提能”。创办公司职业技能培训学校，自主编制培训教材近37万字，并取得15个工种职业技能等级认定资质，年均开

展 3~5 个月职工脱产带薪培训。同时，分别与东北大学、重庆科技学院等高校深化校企合作，通过举办专题技能培训班次，培养核心骨干产业工人 70 余人。

三、着眼地位提高，以职工需求为工作导向

坚持“以职工为中心”的思想，积极解决涉及职工切身利益的急难愁盼问题，使得企业职工的主人翁地位不断提高。

（一）民主管理保障“关系顺心”。深化“全国厂务公开民主管理示范单位”“全国和谐劳动关系企业”品牌建设，聚焦职代会、厂务公开、集体协商三大民主管理方式，开辟电话专线、班组管理 App、微信等职工诉求渠道，确保企业和职工和谐共生、同向而行。

（二）薪酬激励保障“待遇合心”。建立完善薪酬激励和技能人才津贴及一次性奖励机制，加大对一线岗位、关键岗位和有突出贡献技能人才的激励，确保职工收入年均增幅不低于 5%，并探索建立风险共担、利益共享的高技能（技术）人才激励机制，对贡献突出的科技项目实行企业与技能人才收益分成。

（三）环境改善保障“工作舒心”。围绕职工“体面劳动、舒心工作、开心生活”，加大对生产、装备、物流等环节的信息化、智能化改造，以智能化“加法”换职工劳动强度“减法”。积极打造职工岗位休息室、值班室，并提升设施设备的质量及实用性，提高工作舒适度。

健全工匠“育选礼用”工作体系 夯实产业发展技能人才支撑

四川省成都市产业工人队伍建设改革工作领导小组办公室

编者按： 近年来，四川省成都市委、市政府深入学习贯彻习近平总书记关于产业工人队伍建设改革的重要指示精神，特别是关于培养高技能人才和大国工匠的重要指示精神，先后出台《关于实施“成都工匠”培育五年计划的意见》《成都市礼遇“成都工匠”十条政策措施》，着力健全“竞赛选匠”的梯度机制，打造“院地育匠”的平台路径，创新“礼遇尊匠”的政策环境，构建形成“育选礼用”、共振融合的成都工匠全链条工作体系，推动高技能人才队伍不断壮大、整体素质持续提升、工匠人才脱颖而出。

近年来，四川省成都市委、市政府高度重视工匠人才队伍建设，明确要“全面提高劳动者素质，培养造就一批‘成都工匠’”。成都市总工会牵头会同市委组织部（市人才办）、市人社局等部门，在健全完善工匠人才“育选礼用”体系上探索创新，先后出台《关于实施“成都工匠”培育五年计划的意见》《成都市礼遇“成都工匠”十条政策措施》，以工匠为引领，持续夯实现代产业发展的技能人才支撑。截至目前，全市产业工人规模超过 500 万人，技能人才总量达 240.4 万人，高技能人才数量达 73.2 万人，评选命名“成都工匠”1812 名。

一、健全“竞赛选匠”的梯度机制，让工匠破土冒尖

坚持以赛促训、以赛促学的理念，推动“成都工匠”选拔与职业技能竞赛深度融合，健全以企业岗位练兵和技术比武为基础、区市县（行业）

职业技能竞赛为主体、市级职业技能大赛为主导的工匠人才冒尖机制。同时，通过省级、国家级、世界级技能大赛检视成都工匠的成色，展示“成都工匠”的水准。“成都工匠”以专家、裁判、选手等身份参加了第七届全国职工职业技能大赛决赛，成都选手分别荣获工业机器人操作调整工第一名、钳工第二名、数控机床装调维修工第三名的历史最佳成绩。以第七届全国职工职业技能大赛决赛为契机，对“成都工匠”“育选礼用”政策进行了全方位、高频次、多角度的宣传报道，全国百余家新闻媒体在各级各类平台上刊（播）发报道5000余篇次。

二、打造“院地育匠”的平台路径，让工匠才尽其用

以“育用结合”为导向，大力推动企业发挥培育、用好工匠的主体作用，在企业建立劳模工匠创新工作室，开展现场炫技展示，立足岗位创新创造，同时充分发挥全市工会组织的组织优势、资源优势，坚持公共性、公益性、开放性、综合型的功能定位，参照德国跨企业培训中心建设标准，建设成都工匠学院和成都工匠公共实训基地等线上、线下一体的工匠育用平台，已形成智能制造、精密制造、智能焊接、增材制造和机械加工5个培训中心。在服务中小企业职工技能培训的基础上，打造生产型工匠培育平台、实战化工匠成长平台、高水平工匠研创平台，实施“育匠为师”“以匠育工”“滴灌援企”计划，探索以“成都工匠”为核心的高技能人才“育用”路径，厚植“成都工匠”成长为“四川工匠”“大国工匠”的沃土。2021年共培育产业导师138名，完成产业工人技能培训1024人次，以技能服务的方式将产业导师引入职业院校和企业，与42家企业开展技能服务合作。

三、创新“礼遇尊匠”的政策环境，让工匠暖心安心

在将“成都工匠”纳入成都市人才政策体系、享受高技能人才同等待

遇的基础上，2021 年 10 月，成都市出台《成都市礼遇“成都工匠”十条政策措施》，聚焦医疗、交通、教育、落户等工匠人才切实关注的现实需求，从鼓励在蓉落户、子女入园入学、便捷就医服务、方便交通出行、丰富文体生活、关注身心健康、增强保险保障、促进学习交流、规划建设工匠主题公园等 10 个方面礼遇“成都工匠”，为工匠人才提供更好的家庭保障、工作保障和待遇保障，彰显成都对工匠人才的尊崇。自 2021 年 12 月 1 日起，对所有“成都工匠”发放“蓉城人才绿卡·成都工匠”卡，持卡即可在成都市域内享受礼遇“成都工匠”政策服务；授予第七届全国职工职业技能大赛决赛 18 名优胜选手“成都荣誉工匠”，并提供 5 项 5 年内有效的礼遇服务。2021 年，新建市级劳模和工匠人才创新工作室 30 个，开展成都工匠进企业、进园区、进院校宣讲炫技活动 1020 场，让广大工匠人才有激情、有感恩、有憧憬、有奔头。

强思想　激活力　抓保障
持续推进产业工人队伍建设改革

中国贵州茅台酒厂（集团）有限责任公司

编者按：中国贵州茅台酒厂（集团）有限责任公司深化“茅台五心”（红心向党、忠心报国、匠心强企、初心为民、同心铸梦）党建品牌建设，重视发展产业工人党员，组织开展线上、线下多种形式的专题学习；持续开展群众性技术创新活动及质量管理活动，建立健全“工匠八步”培养机制；为员工购买工伤保险、人身意外伤害综合保障保险，实现安全教育培训覆盖率100%；持续推进生产一线“送温暖”活动和困难补助工作；设立“劳模风采墙”，组织开展先进典型选树推荐活动。

近年来，中国贵州茅台酒厂（集团）有限责任公司（以下简称“茅台集团”）坚持以习近平新时代中国特色社会主义思想为指导，按照政治上保证、制度上落实、素质上提高、权益上维护的总体思路，全力推进产业工人队伍建设改革，充分调动广大产业工人的积极性、主动性、创造性，为茅台集团实现高质量发展作出更大贡献。

一、加强产业工人队伍思想政治建设

（一）强化产业工人队伍党建工作。以深化“茅台五心”（红心向党、忠心报国、匠心强企、初心为民、同心铸梦）党建品牌建设为抓手，结合抓党建促高质量发展重点任务，在基层单位培育“匠心强企”党建示范点，持续提升党组织在产业工人队伍中的影响力、凝聚力和号召力。制定印发《茅台集团2021年发展党员指导性计划》，加大党员骨干“双培养”工程，重视在产业工人队伍中发展党员，全面消除党员空白班组。2021 年共计发展党员 1137 名，其中产业工人党员 926 名。

（二）紧抓产业工人思想政治工作。组织开展党史学习教育，通过党委会、理论学习中心组、“三会一课”等多种形式开展专题学习。用好、用活“学习强国”平台，推动党员理论学习全覆盖。开通公司在线学习平台，组织学习习近平总书记在全国劳动模范和先进工作者表彰大会上的重要讲话精神。完善现有“茅台集团工会”网站的板块建设，增加“党史上的今天”学习栏目。

二、激发产业工人队伍创造活力

（一）深耕创新创效。持续开展群众性技术创新活动及质量管理活动，不断完善活动机制，进一步激发职工创造潜能。近 5 年，公司命名劳模和工匠人才创新工作室 43 个，荣获上级工会命名的劳模和工匠人才创新工作室 10 个；共推荐 139 项符合条件的“五小”职工优秀创新成果参评，60 多个项目分别荣获贵州省各级工会系统职工“五小”优秀创新成果奖；共征集到职工“五小”优秀创新成果近 200 项，注册近 3000 个 QC 活动小组，参与活动人数达 3 万余人次。2018 年，严格按照 T/CAQ—2017《“质量信得过班组”建设准则》标准开展班组建设活动。截至目前，申报班组达 500 多个，参与人数达 7000 多人次。2019 年至今，共收到 40 个管理创新成果立项申报。截至 2021 年，茅台集团已成功举办 37 届 QC 小组成果发表会、3 届“质量信得过班组”经验交流发表会。

（二）注重人才培养。建立健全“入炉”（入职培训）、“熔炼”（岗位练兵）、“冶炼”（技能认定）、“锤炼”（师带徒）、“精炼”（骨干培训）、“淬炼”（金牌班组长）、“升华”（“茅台工匠”）、“百炼成钢”（技术职务）“工匠八步”培养机制，不断健全每个步骤的培育、管理、激励、考核等制度，形成 8 个步骤环环相扣、步步争先的系统性技能人才纵向成长体系，促进工匠人才大量涌现。一是以职业技能大赛任务目标为牵引，实施有针对性的“内部练兵”计划，组织开展年度“岗位大练兵·技能大比武”劳动竞赛。2016—2021 年，公司劳动竞赛共产生 49 名制酒、制曲、包装、勾调系统“全能匠人”。二是选派 145 名职工参加市级及以上技能大赛，其中 3 人荣获“遵义市五一劳动奖章”，4 人荣获“贵州省五一劳动奖章”，4 人荣获“黔酒工匠”称号。三是评选“茅台工匠”，形成示范激励效应。2019 年至今，共评选出“茅台工匠”161 人。四是通过开展 QC 小组活动培养工匠人才。近 5 年来，培养全国质量管理小组活动高级推进者 1 名、中级推进者 19 名、初级推进者 39 名，培养“质量信得过班组”自评师及质协系统评委 20 人。五是优化“师带徒”认定、管理、考核等制度，进一步形成“尊师重道、传承匠心”的良好风尚，培养打造一批省级、国家级技术能手。截至 2021 年，“师带徒”出师考核累计出师 325 位徒弟。

三、抓实产业工人队伍建设改革支撑保障

（一）健全组织机构。经公司党委同意，成立茅台集团推进产业工人队伍建设改革工作协调小组，制定下发《新时期茅台集团产业工人队伍建设改革试点工作方案》，进一步加强对产业工人队伍建设改革的宏观指导、政策协调和组织推进。

（二）完善权益保障机制。严格按照安全生产有关法律法规要求，为员工购买工伤保险、人身意外伤害综合保障保险。组织开展安全教育培训，实现安全教育培训覆盖率 100%。持续推进生产一线“送温暖”活动和困难补助工作，仅 2021 年，开展“夏送清凉”“冬送温暖”活动累计使用经费 140 余万元，惠及 2.5 万余人。

（三）营造尊重劳动、崇尚技能、鼓励创造的良好氛围。设立“劳模风采墙”，组织开展“道德模范”“贵州好人”等先进典型选树推荐活动，协调《贵州日报》等媒体推出深度报道，营造劳动最光荣的浓厚氛围。5 年

来成功推荐全国、贵州省及遵义市“劳动模范”8人、“全国优秀工会工作者”3人、国家级工匠2人、省级工匠6人、贵州省行业道德标兵3人、贵州省及遵义市“五一劳动奖章”24人。连续评选两届“茅台劳模”和“金牌员工”共计10名。

构建人才成长保障体系 共享企业改革发展成果

首钢水城钢铁（集团）有限责任公司

编者按：首钢水城钢铁（集团）有限责任公司党委专题审议下发试点方案，定期召开会议研究办法举措，修订完善各项制度；开展工匠人才开发创新能力研修、高技能人才研修、职业技能水平提升、新型学徒制等培训，发挥劳模工匠技术服务队的示范作用，举办职工技术运动会，提升产业工人技能水平，培养骨干能手；按照“年初立项、过程攻关、年底结题”思路，推动工匠场、职工创新工作室规范化建设；在高技能人才荣誉和待遇“双向激励”上出“重拳”、下出“实招”。

作为贵州省首批产业工人队伍建设改革项目试点单位，首钢水城钢铁（集团）有限责任公司（以下简称“水钢”）深入学习贯彻习近平总书记关于产业工人队伍建设改革的重要指示精神，贯彻落实《新时期贵州省产业工人队伍建设改革实施方案》，在建设知识型、技术型、创新型职工队伍上拓展思路、落实举措，构建人才成长保障体系，激发一线职工创新创造活力，加速产业工人成长成才，共享企业改革发展成果。

一、组织领导保障有力

水钢高度重视产业工人队伍建设改革工作，公司党委专题审议下发《首钢水钢产业工人技能评价和激励机制改革试点工作实施方案》，成立以公司党政主要领导任组长、工会主席任常务副组长的推进产业工人队伍建设改革试点工作领导小组，坚持党委统一领导，有关职能部门各司其职，形成齐抓共推的整体合力。定期召开会议，针对改革热点、难点与深层次矛盾探索办法举措，不断探索构建高素质产业工人培养的制度体系。修订完善水钢《技能人才职务评聘管理办法》《技能人才年度考核规定》《工匠评比管理办法》《员工教育培训管理办法》《职工创新工作室、工匠场规范化建设指导意见》《职工创新工作室、工匠场年度评比管理办法》《工匠场、创新工作室专项资金使用规定》等制度办法，为产业工人队伍建设改革提供制度保障。

二、人才培养形成体系

水钢构建以技术工人发展通道为框架基础，由培训组织体系和与之精准匹配的支撑体系组成的技术工人培训体系，依据此体系开展技术工人培训工作。以通用能力提升为主线，采用“集中研讨 + 对标交流 + 服务指导”的培训模式，开展工匠人才开发创新能力研修等培训。以技术工人岗位专业技能水平提升为主线，组织开展高技能人才研修、职业技能水平提升、新型学徒制等培训。企业工会发挥水钢劳模工匠技术服务队队员领题挂帅的示范作用，开展跨厂际、跨车间的“技术帮扶”活动，解决生产线上的瓶颈问题；充分释放劳模工匠技能“传帮带”的示范引领作用，通过“周末技术沙龙”“技能专家走一线”等形式吸引更多青工学技术，促进青工成长成才。此外，每年举办职工技术运动会，已连续举办 4 届，每届设置的比赛工种不少于 40 个，不仅设置电工、钳工、焊工、数控车工等行业通用工种，还针对企业主流程上的高炉炼铁工、转炉炼钢工、金属轧钢工等关键工种，开展周期为一年的综合指标在线赛，把年度工作业绩纳入除理论考试以外的重点考评内容，更加激发了岗位职工锤炼操作技能的主动性、积极性。通过培训、竞赛，不断提升产业工人队伍的整体技能水平，培养出一大批技术骨干和业务能手。

三、领题攻关闭环提升

水钢工会按照“年初立项、过程攻关、年底结题”的工作思路给工匠场、职工创新工作室派任务、压担子，推动规范化建设上台阶。5年来，水钢工会创建并受到上级工会命名的23个劳模创新工作室、工匠场涵盖了高炉、炼钢、轧钢、焦化等主流程关键专业和电工、钳工、焊工、车工等通用工种。在创新工作室、工匠场的321名核心成员中，中级工占比10.78%，高级工占比32.32%，技师占比15.83%，高级技师占比9.09%。水钢工会对工匠场开展年度评比，评出特等奖、一等奖、二等奖、三等奖，分别给予10万元、5万元、3万元、2万元创新助推资金。5年来，工匠场立项攻关项目498项，结题487项，工匠场成员提出“职工金点子”、合理化建议678项，均得到实施。在公司年度合理化建议与技术改进项目评比中，工匠场成员申报的项目获一、二、三等奖的比例分别为75%、75.2%、74.8%，并呈逐年递增趋势。2021年，水钢劳模创新工作室、工匠场成员获国家实用新型专利63项、发明专利7项，为企业创效约1.5亿元。

四、荣誉待遇“双双着陆”

水钢党政在高技能人才荣誉推荐和落实待遇“双向激励”上出“重拳”、下出“实招”。自2019年开始评选企业内部工匠以来，至2021年已经产生3届共27名“水钢工匠”。对于“水钢工匠”，公司一次性兑现3万元奖励，同时让工匠享受2年周期的每月3000元工匠津贴。5年来，从工匠和高技能人才中推选出公司及以上级别劳动模范103名，其中包括1名“全国劳动模范”、1名“全国钢铁工业劳动模范”、3名“贵州省劳动模范”、6名“贵州省五一劳动奖章”获得者、1名享受“贵州省政府专家津贴”者、1名“贵州工匠”、63名2021年贵州省“最美劳动者”。先后组织慰问165名劳模和高技能人才，发放慰问金40.5万元。

为产业工人搭建成长成才平台

陕西汽车控股集团有限公司

编者按：陕西汽车控股集团有限公司强化“赛马机制”，出台30项管理制度，搭建起纵向整合、横向联合的创新体系，让产业工人更有干头；形成高技能人才培养激励和考评体系、成果共享制度以及梯次化工匠培养模式，让产业工人更有甜头；实现技能鉴定自主化常态化、技能和技术岗位“双贯通”，探索打破职工职业发展“天花板”的新路径，让产业工人更有奔头；实现跨企师带徒资源共享和创新创效项目多元化，设立“英雄榜”，开展“工匠大讲堂”，让产业工人更有盼头 。

陕西汽车控股集团有限公司（以下简称“陕汽”）坚持把产业工人队伍建设改革作为企业高质量发展的关键一环，由党委书记、董事长担任改革领导小组组长，着力建设职工“有干头、有甜头、有奔头、有盼头”的发展平台，持续优化技能培训体系、技能薪酬体系、创新创效体系、服务职工体系，使产业工人队伍建设改革取得突出成效。

一、搭建岗位练兵平台，让产业工人更有干头

（一）强化“赛马机制”，激发内生动力。坚持以赛领学、以赛带练、以赛促干，全力组织好国赛、省赛、公司赛3个层次的技能比拼。相继举办汽车装调工等17个工种、40场集团层面比武；承办全国装调工大赛、全国金属构造大赛，获得多项荣誉，4名产业工人获评“全国技术能手”。同时，积极探索工会服务模式创新，建成“智慧工会”暨“网上练兵”平台，上传了“汽车装调工、电工”等10个工种的近7万道试题，职工个人学习

积分总分已突破510万分，个人学习积分可兑换商品，以增强职工学习的体验感和动力。

（二）落实“一线工作法”，为职工解难题、办实事。打破劳模工匠事迹宣讲传统模式，坚持自主命题与需求导向相结合，分期组织劳模工匠带着问题清单、带着解决方案、带着机制、带着经验去生产一线，“进班组，解难题，带徒弟，办实事”，建立起长效帮扶、共享学习的机制。

（三）用制度提升产业工人技能素质。先后出台《高技能人才卓越联盟管理办法（试行）》等30项管理制度，修订《创新工作室管理办法》，制定《创新工作室实施细则》，用制度确保工作室负责人有津贴、工作室有经费。现已建成公司级创新工作室23个、市（产业）级优秀创新工作室5个、省级（中国机械冶金建材工会）示范创新工作室3个；成立焊工、钳工、电工等6个工种的公司级高技能人才卓越联盟，搭建起纵向整合、横向联合的创新体系。

二、全面落实技术工人待遇，让产业工人更有甜头

（一）科学激励让技术工人成才受益。目前，陕汽已经形成了完善的高技能人才培养、激励和考评体系。每年开展岗位标兵选拔，一等奖每月发放600元津贴；评聘“首席员工”，每月发放1000元津贴；制定办法，对聘任的技师、高级技师、主任技师，每月发放700元、1000元和1600元津贴；每年组织技师、高级技师的培训考评，培训费由公司统一承担，对通过考评并取证的人员报销50%的鉴定费。

（二）鼓励全员创新，共享创新成果。鼓励职工立足岗位进行创新，特别是在创新项目评选、创新项目带头人选拔中为技术工人留有席位，广泛动员一线产业工人在岗位实践中小改小革、创新改善。同时注重创新成果共享，现已经形成“五个五分之一”的成果共享制度，即创新收益的五分之一用于奖励、五分之一用于建立创新奖励基金、五分之一回馈社会、五

分之一回报客户、五分之一回报股东。

（三）用好的待遇让技术工人尝到甜头。陕汽形成了梯次化工匠培养模式，连续4届评选“陕汽工匠”41人，荣获“三秦工匠”“中国机械冶金建材行业工匠”3人，市、省产业工匠7人。为劳模、工匠量身打造了奖励、学习、关爱等福利制度，让工匠人才成为陕汽的“明星”，形成“明星”示范引领带动作用。

三、实现技术、技能岗位“双通道”，让产业工人更有奔头

（一）技能鉴定自主化、常态化。梳理集团53个工种的技能等级认定及分布情况，组织专家更新考试题库，自主开发技术工人培训课程100多门，力争工种自主认定全覆盖，推进技能鉴定常态化、标准化、规范化、数字化进程，建立管理体系。

（二）“双轨制”实现技能、技术岗位“双贯通”。鼓励生产一线技术工人同时报评工程师、高级工程师和技师、高级技师，着力实现职称晋升、岗位互通“双通道”。目前，公司高级工以上技术工人持有高级工程师、工程师、助理工程师、助理经济师等职称证书的达400余人，晋升至管理岗位的约50人。

（三）探索打破职工职业发展“天花板”的新路径。为打破产业工人职业生涯发展的“天花板”，解决技术工人进厂“一眼望到头”的问题，陕汽在业绩突出、掌握绝活、创新成果显著的高级技师中首次评聘主任技师21人，每月发放津贴1600元，同时制定特级技师评聘方案，开展特级技师评聘工作。

四、创新创效培养主人翁意识，让产业工人更有盼头

（一）跨企师带徒实现资源共享。公司各生产单位制订计划和评价体系，多维度考核师带徒情况。鼓励师傅分享绝活绝技、开发课程，为师傅

发放课时费；鼓励师徒协同承担项目，带头解决业务难题，在项目中历练成长。同时，搭建一岗多能青蓝蓄能站，成立五大技能训练站，使得多能工的培养走上快车道，加速了产业工人向复合型技能人才转型的步伐。

（二）创新创效项目实现多元化。围绕“科技创新顶天立地，小微创新铺天盖地”要求，建立不同层级、不同类型的创新成果管理模式，增设创新课题，建立“摘牌、挂帅”机制，全方位开展自主创新，连续召开 4 届创新大会，持续开展“创新挑战月”活动。自推进产业工人队伍建设改革以来，累计用于创新奖励的资金达 3000 余万元。

（三）设立“英雄榜”，开展“工匠大讲堂”。在陕汽“智慧工会”平台设立“英雄榜”，收集整理建厂以来的劳模、工匠、“五一劳动奖章”获得者等人员的信息，在门户网站永久展示，点燃广大职工学知识、练技能、提水平、强素质的追赶、超越热情。大力开展“工匠大讲堂”，邀请“大国工匠”“全国劳动模范”等来企业传经送宝，分享成功经验，受到广大职工的一致好评。

着力打通职工成长成才通道
全面推进产业工人队伍建设改革

陕煤集团神木柠条塔矿业有限公司

编者按：陕煤集团神木柠条塔矿业有限公司坚持党建挂帅，注重加强顶层设计，构建产业工人队伍建设改革长效机制；改革劳动、人事和分配三项制度，实施班组长公推公选制度，畅通产业工人成长成才通道；创新开展“全员双创”工作，创新劳模（大师）工作室管理模式以及技术比武、岗位练兵活动，实现职工网上学习、练兵、竞赛，搭建产业工人成长成才平台；加大考核力度，将考核结果与产业工人竞聘上岗和培养相结合，构建产业工人“比学赶超”的机制。

近年来，陕煤集团神木柠条塔矿业有限公司（以下简称“柠条塔公司”）以创建“世界一流、中国领先”高品质智能化强矿为目标，全面推进产业工人队伍建设改革，通过建机制、创特色、强激励等举措，着力打通职工成长成才通道，建设知识型、技术型、创新型产业工人队伍。

一、构建长效机制，引领产业工人建设改革方向

柠条塔公司坚持党建挂帅，把加强思想政治引领作为首要任务，引导职工用党的创新理论武装头脑，让党建成为引领产业工人队伍建设改革方向、助推企业高质量发展的核心引擎。柠条塔公司坚持把产业工人队伍建设改革作为“一把手”工程，形成党政挂帅、工会牵头，相关部门各负其责、整体联动的工作格局，充分发挥了集成效应。特别注重加强顶层设计、完善制度体系，先后制定了20余项素质提升制度办法，规范产业工人的培

养、考核、鉴定等环节，构建了产业工人队伍建设改革的长效机制。

二、创新制度机制，畅通产业工人成长成才通道

（一）创新劳动、人事和分配三项制度改革，进一步完善了《运用三项机制考核评价管理干部办法》《管理人员职务任期制实施办法》《后备干部队伍建设实施办法》等关于干部使用和培养的7个配套办法，进一步规范了产业工人的培养、考核、鉴定等相关内容，通过在机关与基层之间、部门与工区之间、中心与中心之间的人才大交流、大规范、大调整，不断推进干部全方位、多岗位、关键位、规范化的轮岗交流，培养高素质复合型技能人才，打通了高技能、高学历职工岗位互通和交流提升的通道。实行三项制度改革以来，从技术员岗位晋升的有43人、从班组长岗位晋升的有39人，有15名“技术比武岗位标兵能手”、16名“全员双创创新状元”得到提拔重用。

（二）创新实施班组长公推公选制度，打通青年优秀产业工人成长成才通道。明确规定所有增补、配备的班组长实行公推公选，先后公开选举、聘任班组长184名，淘汰班组长74名。在现有的106名班组长中，大专及以上文化程度的由原来的35%提高到了92%。先后有84名通过公推公选产生的青年班组长被选拔聘任到一级业务主管及以上管理岗位，其中6名被提拔为公司中层副职和正职。同时，配套制定了《见习班组长考核细则》，给予8名优秀大学生见习班组长的待遇。

三、注重素质提升，搭建产业工人成长成才平台

（一）创新开展“全员双创”工作。按照“建机制、搭平台、抓项目、兑薪酬、强转化”“五步法”管理模式，持续推进“全员双创”工作。2016年至今，职工共申报各类创新成果3921项，其中101项成果取得国家专利，52项成果在陕西省职工科技节上受到表彰，累计创效达6亿元。公司

先后命名表彰“创客大咖”7 人次、“创客标兵”29 人次、“创客能手”10 人次、“创客先锋”34 人，其中有 16 人被破格聘任为一级业务主管，公司也被评为“陕西省十大职工创新创业企业”。

（二）创新劳模（大师）工作室管理模式。创建了 3 个创新工作室和 1 个钳工实操平台，按照“每岗一打题（12 道题）、每旬一研究、每月一优化”的“三个一”工作机制，运用师带徒、轮流授课等多种方式，使工作室成为一个集课题攻关、项目论证、知识分享、创意交流、协同创造于一体的创新创业开放平台。近 4 年来，工作室培训职工 5400 余人次，获得专利 69 项，累计创效超 1 亿元。其中 2 个创新工作室先后被陕西省总工会评为示范性创新工作室。

（三）创新开展技术比武和岗位练兵活动。修订《技术比武实施方法》，将原来每年一次的技术比武改为每季度一次，对获得“技术能手”“岗位标兵”的职工给予重奖，在人才聘任和干部提拔时优先考虑。明确规定已被评为“技术能手”“岗位标兵”的员工带两三名徒弟，徒弟获奖，师傅同等受奖。自 2017 年以来，共组织技术比武活动 20 次，累计 8300 余人次参加，奖励资金 900 余万元，先后评比表彰“岗位标兵”“技术能手”96 名，其中 22 人被聘任为区队技术员，14 人被提拔到工区副职及以上领导岗位。

（四）启动以“互联网 +”为载体的智创工会建设工程，建成了涵盖“全员双创”、班组建设、岗位练兵等 6 大板块的 PC 端和手机 App 平台，制定多项配套办法，设置闯关答题、大师讲堂、试题征集等模块，实现职工网上学习、网上练兵、网上竞赛等功能。通过平台参加技术比武等各项学习的人数累计达 20 万人次。

四、强化考核奖惩，构建产业工人“比学赶超”机制

柠条塔公司不断加大创新化、实效化、动态化考核力度，将考核结果与产业工人竞聘上岗和培养使用相结合。严格执行“岗位工资 + 绩效工

资 + 双创工资 + 特别贡献奖励”的薪酬结构分配制度，每年拿出 2000 多万元奖励技术工人，对创新项目一等奖、二等奖、三等奖分别给予 5000 元、3000 元、2000 元奖励；对年度“创客大咖”“创客标兵”“创客能手”分别奖励 5 万元、3 万元和 1 万元；对获得国家级“技术能手”称号的奖励 10 万元、获得省级“技术能手”的奖励 3 万元、获得公司年度“技术能手”的奖励 1 万元；对“金牌班组长”和“银牌班组长”分别奖励 4 万元和 3 万元；首席技师每月增加 7000 元津贴，首席工程师每月增加 1 万元津贴。近 2 年来，公司先后涌现出 4 名“全国技术能手”、4 名煤炭行业“技能大师”、1 名“三秦工匠”，表彰了 15 名“金牌班组长”“银牌班组长”，聘任了 2 名首席技师和 2 名首席工程师。先后有 252 名职工通过了中级工技能鉴定、127 名职工通过了高级工技能鉴定、51 名职工通过了技师及以上技能等级认定，这些职工占核心业务工种的 70%。

创新构建“123 产改工作新模式”打造高质量产业工人队伍

宁夏共享集团股份有限公司

编者按： 宁夏共享集团股份有限公司构建“123 产改工作新模式”。聚焦一个核心，坚持党建引领企业文化、党建引领产业工人队伍建设改革；关注线上线下全方位育才、搭建优质平台高效用才两大重点工作，开展线上线下相结合、全流程数字化的产业工人培养工作；抓好产业工人合法权益、幸福质量和生命健康三大保障，夯实产业工人队伍建设改革基础。

宁夏共享集团股份有限公司（以下简称“共享集团”）始建于 1966 年，主要是为高端装备生产配套关键零部件，为铸造等行业提供工业级铸造 3D 打印设备、工业机器人等智能制造装备、智能制造服务等，拥有员工近 3000 人，其中产业工人占 63%。共享集团坚持把产业工人队伍建设改革作为助推企业高质量发展的重要支撑，构建“123 产改工作新模式”，努力造就有理想守信念、懂技术会创新、敢担当讲奉献的产业工人队伍，为实现“铸造强国梦”作出积极贡献。

一、聚焦一个核心，强化党建政治引领

作为“三线建设”时期由沈阳中捷友谊厂援建的企业，共享集团自诞生之日起便具有红色基因。公司将党建政治引领作为产业工人队伍建设改革的核心要点。

（一）坚持党建引领企业文化。公司将党的政策、社会主义核心价值观等写入企业文化手册，使之成为全体职工的价值标尺。例如，将创新驱动

作为公司转型升级的方针之一，引领企业走上转型升级的快车道；将高质量发展写入公司使命，最广泛凝聚员工的力量。

（二）坚持党建引领产业工人队伍建设改革。由公司党委牵头制定产业工人队伍建设改革方案。注重抓党员先锋，公司党员中产业工人占82%；19个党支部中与产业工人相关的有17个；2021年新发展的党员全部是产业工人。

二、关注两大重点，做好育才用才工作

共享集团提出“经营人才”的理念，为员工提供干事兴业的优质平台。

（一）线上线下全方位育才。一是开展线上线下相结合的产业工人培训。公司现有培训室20个共2800余平方米、实操场地11个、各级培训师457人。投资200万元搭建“铸云课堂”云平台及App，狠抓“两基（基础知识、基本操作技能）”培训，实现了“学习+考试+评价”一体化。目前“铸云课堂”拥有线上精品课程1200余个、在线专家120余人。制定《见习、实习管理制度》，有序开展“名师带徒”活动；按照“月度小竞赛、年度大比武”原则定期开展技能竞赛及大比武，每年共计有50余个工种、2000余人次参加。二是开展全流程数字化的产业工人培养。创新运用“六维（数量、稳定、质量、结构、成长、财务）工作法”和HR数字化系统，将培训工作延伸到岗前、在岗以及岗位任职资格达标等环节。重视产业工人岗前培养，与30余所高校、研究院开展校企合作，累计设立冠名班4个，培养了200人次，奖学金达20万元。在在岗培养方面，推出“三项素质”评价体系，将评价结果与薪酬待遇挂钩，已累计培训、认定各等级工种1000余人次；将培训评价结果与奖罚挂钩，月度培训评价直接应用于月度奖罚、年终绩效评价；将职业技能等级评价结果与薪酬待遇挂钩，按照高级工100元/月、技师200元/月、高级技师300元/月的标准兑现津贴；将岗位任职资格达标作为员工技能评价、年终评价、岗位晋升以及绩效考

核的重要指标，2021 年的达标率为 98%。

（二）搭建优质平台高效用才。通过三大举措，为产业工人搭建想干事、能干事、干成事的广阔舞台。一是拓宽员工职业晋升通道，纵向搭建晋升通道（普通工人—技能型人才—专家—高级专家—资深专家），横向打通技能人才和经营管理人才职业发展通道，打破产业工人职业发展的“天花板”。二是完善技能人才激励机制。通过绩效考核、奖励奖罚、人才培养等制度促进产业工人素质水平持续提升，推出专家、工匠、技术能手、培训师等荣誉。三是健全创新成果奖励机制，设立创新项目、质量贡献奖，每年举办科创大会、质量奖励大会，目前已举办科创大会 15 届、质量奖励大会 5 届，每年奖励金额超 1000 万元，其中质量奖励涉及全部产业工人，累计奖励近 1000 人次。

三、抓好三大保障，夯实产业工人队伍建设改革基础

（一）着力增强员工的幸福感和归属感。一是保障产业工人的合法权益。公司工会定期召开职代会，对涉及员工切身利益的制度进行审议；坚决做到“五个百分百”（合同签订及时率、合同签订符合率、五险两金缴纳率、社保缴纳及时性、职工参保率均为 100%）、“五个保障”（集体合同、工资专项集体合同、劳动安全卫生集体合同、女职工特殊权益保护专项集体合同、员工监督申诉机制）。畅通员工提案通道，设立优秀员工提案奖。公司先后荣获“全国模范劳动关系和谐企业”“全国五一劳动奖状”“全区民族团结进步创建活动示范单位”等荣誉。二是关怀、保障产业工人的幸福质量。公司编制下发了《“幸福共享　暖心工程”员工关怀方案（试行）》，针对员工关切问题制订改善计划。打造职工文体活动中心、健身房、职工书屋、员工食堂，每年拿出 1000 余万元开展职工创新创业、困难帮扶、文体活动等。员工对公司的满意度已连续 3 年超 80 分。三是保障产业工人的生命健康。严守安全生产“底线”，构建安全生产“1+1+1”治理体系，即

编制一套安全生产建设方案、使用一套数字化（EHSI）安全管理系统、创新应用一套先进技术，实现连续5年无重伤及以上事故。

（二）通过实践“123产改工作新模式”，共享集团产业工人队伍建设改革取得初步成效。一是打造了一支高质量的产业工人队伍。2017年以来，高技能人才（高级工及以上）占比提升13%，涌现出5个国家级和自治区级劳模、1个行业级大工匠、3个自治区级创新团队、2个自治区级技能大师工作室、3个“宁夏回族自治区技术能手”、3个“凤城工匠”、2个市级“金牌工人”。二是做到了“两项提升”。创新能力显著提升：公司已主持参与编制行业标准140项，获得有效专利1416项，企业技术中心在宁夏企业排名中名列首位。员工收入稳步提升：近3年来，公司职工的年均收入增长达7%。三是实现了“三个一流”。经过多年发展，目前公司的铸造3D打印及其产业化应用领跑全球，高端装备关键零部件配套能力世界一流，智能铸造及服务行业领先。

凝聚合力　打造创新高地
持续深入推进产业工人队伍建设改革工作

国网宁夏电力有限公司

编者按： 国网宁夏电力有限公司力促产业工人在创新创效中提升素质、成长成才、建功立业，抓资源整合，打破部门、单位间壁垒，向外部科研力量借力；抓阵地建设，构建“五大平台”，打造覆盖省、市、县、班组的“四级”创新基地；抓素质提升，构建“1+5”实训基地管理模式，开展“传帮带”“师带徒”活动，举办技能竞赛；实施双向激励，实施揭榜挂帅制、项目合同制和考核摘牌制，设置科技进步奖，选树创新标杆，引领全员创新。

国网宁夏电力有限公司作为国有特大型能源供应企业，肩负落实国家“双碳”部署、加快“双新”构建的重任。近年来，公司产业工人队伍日益壮大，现有产业工人6620名。作为宁夏回族自治区产业工人队伍建设改革试点单位，公司始终秉承“抓创新就是抓发展，谋创新就是谋未来”的发展理念，大力开展职工创新活动，力促产业工人在创新创效中提升素质、成长成才、建功立业，为产业工人队伍建设改革工作贡献电力智慧与力量。

一、抓资源整合，规划创新“一盘棋”

公司把以建立现代企业制度为主体的管理创新和以提升核心竞争能力为主体的技术创新，作为实现建设现代“双一流”（建设现代一流电网，建设现代一流公司）发展目标的路径，按照“分级管理、层层负责”的原则，绘制“双创”发展蓝图。通过内部资源“聚”起来、外部资源“纳”进来、制度保障“强”起来，为职工创新创效提供坚强保障。打破部门、单位间壁垒，实现创新链、技术链、人才链、资金链深度融合，形成上下联动、统筹运作、资源共享的创新工作合力，实现内部资源“聚”起来；发挥企业创新主体作用，借力西安交通大学、华北电力大学等外部科研力量，实现创新能力提升，打造合作共赢新模式，将外部资源“纳”进来；印发《国网宁夏电力深化科研机制改革　激发创新内生动力十项落地措施》等19项创新工作制度，把制度保障“强”起来，确保职工创新创造规范化、制度化、常态化开展。

二、抓阵地建设，构建创新“一张网”

搭好“五大”平台。构建科技创新、管理创新、青年创新创意大赛、质量管理小组活动和职工技术创新“五大平台”，满足产业工人多元化创新发展需求。打造“四级”基地。抓好双创中心这个“点”，布好12个劳模创新工作室这条“线”，铺开216个创新团队这个“面”，织密377个创新攻关小组这张“网”，打造覆盖省、市、县、班组的“四级”创新基地。推动“三类”攻关。针对省公司层面关键技术、重大项目，开展集中攻关；开展地市公司层面创新课题，柔性团队、专家劳模协作攻关；结合一线工作实际，进行创新小组、班组攻关小组现场攻关，实现资源优化整合、问题分级突破的工作格局。

三、抓素质提升，凝聚创新“一股劲”

提升技能打基础。运用“理论＋实训”和“线上＋线下”课程体系，以培训中心为主体，结合5个实训基地，构建“1+5”实训基地管理模式。实行产业工人队伍建设改革以来，组织、实施培训项目2906个，投入培训经费2.78亿元，为人才发展铺就“高速路”，打造了创新发展的“生力军”。拓展渠道助成才。开展“传帮带”“师带徒”活动，利用“职工大讲堂”“班组微讲堂”等方式，共享劳模、工匠先进的创新思路和创新经验，增强职工创新的辐射力和带动力。比拼技能塑工匠。通过举办35项技能竞赛及技术比武，持续开展年度质量管理小组成果发布、青年创新创意大赛、职工技术创新遴选等活动，打造一批电力工匠、技术能手和“塞上英才”，达到“树立一个、发动一批、带动一片”的效果。

四、双向激励，合唱创新“一首曲”

加大对创新团队和创新个人的奖励力度，坚持物质奖励和精神荣誉并重，让作出突出贡献的职工“名利双收”。在物质奖励方面，实施重点创新项目、关键核心技术攻关揭榜挂帅制、项目合同制和考核摘牌制，获得科技进步奖的奖励金额最高达100万元。5年来，累计发放职工创新成果奖励金1028万元。在精神激励方面，建立共学共享机制，提供交流学习渠道，拓展职工创新思路；实行容错机制，宽容失败、鼓励创新，厚植创新创造沃土；选树创新标杆，通过组织以技术创新为重点的劳动竞赛，评选年度创新“十佳班组”“十佳个人”，以创新典型引领全员创新。

近年来，公司涌现出享受“国务院政府特殊津贴”者、国家“万人计划”专家等一批优秀人才，培育省部级及以上专家人才143人、优秀技术能手65人，获得国家科学技术进步奖二等奖等省部级以上科学技术奖50项，获得国家授权专利782项，累计投入科技创新研发经费5.32亿元，通过创新成果转化取得的直接经济效益超过1.9亿元。